真言・陀羅尼・梵字

その基礎と実践

大法輪閣編集部［編］

大法輪閣

《随筆》 真言《しんごん》・陀羅尼《だらに》・梵字《ぼんじ》と私たち

愛知・犬山寂光院山主
松平《まつだいら》 實胤《じついん》

◆現代の世相を表わす究極の漢字一文字

便利な時代になりました。さて、「便利さ」を一文字で表現するとしたら、どんな漢字をイメージされますか？

男性に多い回答は「速」、女性に多い回答は「楽」だそうです。なるほど現代は何でも速くなりました。楽になりました。当然その分ゆとりが生まれたはずですが、しかし、現実は皮肉なものですね。便利になればなるほどそのゆとりを失っていくようです。我々はゆとりができると、その時間を有効に使おうと、何か別のことをし始めます。早い話が便利になればなるほど、やることが多くなる、仕事量が多くなるということです。結果忙しくなるのです。

そこで便利さを表わす究極の漢字一文字、「忙」は如何《いかが》でしょう。現代の世相を象徴していませんか。

さて、この漢字は立心偏《りっしんべん》に「亡」と書きます。心を亡《ほろ》ぼす、心を亡《な》くす、今心がここにないということです。目先のことに心を奪われ「心ここにあらざれば視《み》れども見えず、聴けども聞こえず、食らえどもその味を知らず」(『大学』)の状態と言えばよいでしょう。結果「真心」を失い、「良心」を失い、「感動する心」を失って、潤《うるお》いのない時代になりました。現代の世相はまさに「忙」、目先の利益と効率にのみ目が行き、本当に大切なものを見失ってしまったようです。

◆更に大切なことを梵字一文字で表わす

誰でも大切にしているものはありますが、万人にとって一番大切なものは「命」に決まっています。誰でも「命は一個。人生は一回。生を受けたものは必ず死ぬ、いつ死ぬか分からない」。これが命の特徴です。ですから「今命あるは有《あ》り難《がた》し」、私が「今ここに元気でいられること自体」

奇跡です。

そして、この命ですが、「命がある」ということは「今生きている」ということです。「命を失う」ということは「死ぬ」ということです。では、生きている人と死んでいる人の違いは？　明白です。息《いき》をしているか、していないかです。早い話が、命とは「息の力」、「生きる力」と言っていいでしょう。

この「息」ですが、誰でも生まれてこのかた息をし続けてきたわけで、ひと時なりとも途中で休んだことはありません。オギャーと生まれる直前は、母が代わりに息をしていてくれました。「息の力・命」は母親とつながっています。親のない子はいませんから、ずっと何代も何代もどこまでも「息の力・命」はつながっています。そのつながりは人類の起源まででしょうか？　いや人類を生み出す生命の起源まででしょうか？　それとも生命を生み出す地球の起源まででしょうか？

これを密教《みっきょう》的に表現すれば、一番最初、一番の源《みなもと》、本源をこの天地宇宙の「大いなるいのち」ということで、この大いなるいのちを大日如来《だいにちにょらい》（仏様）の世界と考えます。インド古代語・サンスクリット語（梵語）では、一番最初の文字（英語ならばアルファベットのＡに当たる文字）が「𑖀《ア》」ですから、一番の本源、大いなるいのち、大日如来の世界を、象徴的に梵字𑖀《ア》で表現します。

漢字にも会意《かいい》文字がありますが、梵字は二次元バーコードのように一文字にとてつもなくたくさんの深い意味や情報がつまっていると考えます。

𑖀《ア》は、大切なものは自分の命、更に大切なことは自分を生かそうとしてくださる天地宇宙「大いなるいのち」の存在に気づくことだと教えてくださっているのでしょう。

さて、自分の命は「大いなるいのち」からずっとつながっています。つまり、私は「仏様」から「息の力・生きる力・命」をいただいて、今この一息があります。私の体には「仏様」の「いのち」が脈打って、仏様に生かされて生きているのです。

人間だけではありません。仏教では常に「衆生《しゅじょう》」と表現します。衆生とは「この世に存在する生きとし生けるもの」、「生物多様性《せいぶつたようせい》」と同じ意味です。つまり今息をしているものはすべて、「大いなるいのち・𑖀《ア》・仏様」につながっています。すべてが「仏のいのち」を戴《いただ》いた尊い存在です。「一切衆生悉有仏性《いっさいしゅじょうしつうぶっしょう》」（『涅槃経《ねはんぎょう》』）と言いますが、すべての衆生に仏性、つまり、〈仏としてのDNA〉があり、仏心《ぶっしん》が備わっているということです。

仏教徒の一番大切な戒《かい》（いましめ）は、「不殺生《ふせっしょう》」です。しかし、私たちは微生物から動植物まで、それぞれかけがえのない仏性をもった尊い命を利用せずには生きていけません。医薬医療から、衣食住のすべてを他の命に依存して暮らしています。また私どもを生かしてくださる天地自然、空気、水、早い話がこの環境を汚さなくては生きていけません。到底この最重要戒「不殺生」を守ることなんて出来っこありません。

そこでせめて私にできることは𑖀《ア》を前に「今命あるは有り難し」と手を合わせ、精一杯の喜びと感謝と敬いの心で祈ることしかありません。あるいは、𑖀《ア》を前に「アー」と息を吐きつつ私の息の本源𑖀《ア》とのつながりを実感して仏性、仏心をもった本来の自分に出会い、心からの「懺悔《さんげ》」のひと時をもつことでしょうか。

とにかく𑖀《ア》は、「ついつい目先の利益効率」に目がいきがちの私に、本来の自分を取り戻させる、すごい力を秘めています。

◆阿吽《あうん》の呼吸

さて、𑖀《ア》字ははじめておっしゃる人も、「阿吽の呼吸」の阿と言えばおわかりでしょう。双方息がぴったり合うという時に使いますが、阿は吐く息、吽（𑖮𑖳𑖽《ウン》）は吸う息のことで、つまり阿吽は、もともと呼吸です。

実はこの阿吽は梵字の最初と、最後の文字です。（日本語の五十音も「あ」で始まり、おしまいは「ん」ですが、この五十音は梵字の字母表《じもひょう》＝アルファベットに基づいています。）

梵字ア（上）とウン（下）
（児玉義隆書）

また誰でも人生の第一声は思い切り口をあけてオギャー（𑖀《ア》）と息を吐く、そして誰でも人生の最後はウーン（𑖮𑖳𑖽《ウン》）と息を引き取ります。ア・ウンは梵字の最初の文字と最後の文字であり、生の始まりから人生の最期《さいご》までを意味します。また𑖀《ア》は万物の本源、𑖮𑖳𑖽《ウン》は万物の回帰《かいき》を意味します。

大きなお寺の山門《さんもん》には、目いっぱい口をあけている阿形《あぎょう》のお仁王《におう》様、しっかりと口を閉じている吽形《うんぎょう》のお仁王様が迎えてくださいます。怖い顔をしてみえますが、実はお寺の伽藍《がらん》や仏法を外敵から守護する大切なお役目を果たしておいでになるのです。

しかし、そのお口の形からもう一つ大切なお役目があるのです。「お寺は誕生から死まで、つまり生老病死《しょうろうびょうし》の人生を学ぶところなんだ！（葬式と法事だけがお寺の役目じゃない）まさに人生は四苦八苦、思う通りにならないのが人生。矛盾だらけの人生をどのように生きていったらよいのか、嬉しい時も、悲しい時も、苦しい時も、いつでも気楽にこのお寺を拠り所としておくれ」と、通り行く人々に呼び掛けておいでになるのです。きっと、目先のことに追われてついつい通り過ぎていこうとする人が多いので、大切なことに気づくようにと怖い顔をされ、仁王立ちしておいでになるのでしょう。

◆私のご真言

私の生まれたお寺は、名古屋の繁華なところにある、福生院《ふくしょういん》というお寺でした。お仁王様こそおいでになりませんでしたが、いろんな人が自由にお参りをする参詣寺《さんけいじ》で、父はありとあらゆる地域のお役を一手に引き受け、参詣の人の相談ごとに応じ、とにかく毎日人の出入りの多いお寺でした。ご本尊《ほんぞん》は聖天《しょうでん》様で、ご真言は**「オン・キリク・ギャク・ウン・ソワカ」**です。私は物心《ものごころ》つかない頃からこのご真言が身に沁《し》みこんで育ちましたので、辛い時、苦しい時にはご真言が、また嬉しい時にもご真言が口に出るという日常生活でした。

幼少の頃からおなかの調子が良くなかった私です。トイレのお世話になる回数は人様より多かったですが、その最中いつもこのご真言を夢中になって唱えておりました。試験の答案用紙はいつも聖天様にお供《そな》えしてご真言を唱えるのが常でした。いい成績の時はやはり子供ですから有頂天《ちょうてん》で唱えるのですが、いつも父から「おごり」をたしなめられました。悪い時はこっそりと逃げ出したくなる気分で唱えておりましたが、不勉強を自覚させられました。とにかく子供の私にとってご真言は不思議な「魔法の言葉」でした。

長じて、ご真言がなぜ「魔法の言葉」なのかを知り、とても嬉しかったことを覚えています。

「真言は不思議なり、観誦《かんじゅ》すれば無明《むみょう》を除く。一字に千理を含み、即身《そくしん》に法如《ほうにょ》を証す」

（弘法大師空海『般若心経《はんにゃしんぎょう》秘鍵《ひけん》』）

梵字と同様ご真言も、到底私どもでは考えられないたくさんの深い意味や様々な功徳を与える力を含んでいるということ、無明煩悩《ぼんのう》の塊《かたまり》のような私が、口先だけのご真言では意味がないということ、本来の自分に戻って仏心で唱えるから、仏様との対話も交流もできるということ……などを納得したものです。

二十六歳で千手観音《せんじゅかんのん》様がご本尊の犬山寂光院《いぬやまじゃっこういん》の住職になりましたので、今では梵字は「𑖮𑖿𑖨𑖱𑖾《キリク》」、ご真言は**「オン・バザラ・タラマ・キリク（・ソワカ）」**がいちばん身近です。しかし、いずれの梵字もご真言も、目先のことにのみ目が行く「忙」の私を、本来の自分に戻してくださり、本来の自分が真心込めて今ここを精いっぱい尽くす力を与えて下さる、とてもありがたい「魔法の言葉」となっています。

真言・陀羅尼・梵字

——その基礎と実践

目次

第二部 実践編

▼カバー梵字……児玉義隆 書　「宝篋印陀羅尼」「アーンク」「バーンク」「アビラウンケン」「バザラダトバン」。
また本文の各部扉、各項冒頭、各頁柱、文中の随所における梵字も、特にことわりがなければ児玉義隆 書。

▼装幀……山本太郎

第一部

基礎編

真言・陀羅尼とは

東京・観蔵院長老
大正大学元学長
小峰《こみね》彌彦《みちひこ》

◇呪《じゅ（しゅ）》について

呪《じゅ》（「しゅ」とも）とは、総じていえば宗教的な祈りの場において神仏を念じ唱える特別な言葉であり、仏教においては呪文《じゅもん》・密呪《みつじゅ》・明呪《みょうじゅ》・真言・陀羅尼等、多様に呼称されている。これらの呪句《じゅく》は、まやかしではなく我々が神仏と直接交わすことができる特別な言葉である。

これら呪句の様々な呼称は、漢訳の違いもあるがヴィドヤー、ダーラニー、マントラ等といった原語の相違もある。呪文を唱える信仰は仏教にはじまるものではなく、インドにおいては『リグ・ヴェーダ』の本集にある神聖な呪句（マントラ）にその本源があるといわれている。すなわち神に帰依《きえ》し様々な祈りのために唱える特別な聖句、それがヴェーダではマントラと称せられたのである。

仏教において唱えることとの意義を強く持っていたのは大乗《だいじょう》仏教であり、その旗頭《はたがしら》となったのは般若経《はんにゃきょう》である。般若経典は歴史上の釈尊《しゃくそん》を鑑《かんが》みた上で、法を身体とする新たな仏陀を掲げ法《ほっ》身《しん》とした。その新たな仏陀を深般若波羅蜜多《じんはんにゃはらみた》と呼び、肉身を超えた究極のありのままの姿を真実の仏としたのである。

そしてこの深般若波羅蜜多の真実の教えを書き記したものが般若経なのである。

それ故、般若の経巻《きょうかん》の言葉を読誦《どくじゅ》することは、真実の仏陀と一体となることになる。これが般若経が経典読誦を重視する理由であり、従って経中に呪文を唱える功徳《くどく》や意義が盛んに説かれてくることになる。つまり般若の経文は呪句そのものであり、そこには日常言語にはない仏陀の威神力《いじんりき》が内在しているのである。

このような大乗仏教の呪文を重要視する姿勢は、密教《みっきょう》にいたると質的に変容しつつ、さらに継承発展し、ついには教義上も密教の重要な柱となったのである。

◇大乗仏教の呪

では般若経では呪をどのようにとらえているのだろうか。まずは著名な『般若心経《はんにゃしんぎょう》』をみると、

「故《ゆえ》に知るべし、般若波羅蜜多は是《こ》れ大神呪《だいじんしゅ》なり、是れ大明呪《だいみょうしゅ》なり、是れ無上呪《むじょうしゅ》なり、是れ無等等呪《むとうどうしゅ》なり。一切の苦を除く。真実にして虚《むな》しからざる故に」

という有名な一節がある。ここには般若波羅蜜多は「最も優れた呪」であると記されているし、これを受持読誦すればあらゆる苦が除かれるという呪力・効力があるとされる。

この『般若心経』とほぼ同じ文章が、般若経典の最も古い成立とされる小品《しょうぼん》系般若経にもあることから、大乗仏教は当初から呪文の唱える重要性を説いていることが分かる。ただし、呪の原語が『般若心経』はマントラであるが、般若経ではヴィドヤーとなっているように解釈上の問題はあるが、般若波羅蜜多という言葉が持つ呪的な意義については明確に説示されている。

ただし般若経の呪は単なる〝おまじない〟ではない。それはヴィドヤーに智恵《ちえ》の意味があることから、般若経の呪は、般若波羅蜜多の智恵に裏付けされていることを意味しているのである。

般若経は、甚深《じんじん》の法そのものである般若波羅蜜多を開示した経典であるので、たとえ経典のわず

かな一句一節であっても、そこには般若経全体の教えが凝縮されているのであり、その言葉を唱えることは無限の功徳がもたらされるのである。たとえば『般若心経』に「般若波羅蜜多は是れ大神呪なり、是れ大明呪なり」とあるのは、経巻を唱える功徳が最も優れていることを示しているのである。

◇陀羅尼について

般若経においては、三昧門《さんまいもん》と陀羅尼門《だらにもん》を具《そな》えることが菩薩《ぼさつ》の条件とされている。三昧門とは精神を集中して悟りを目指す修行であり、自己の完成を目指す出家者的なありかたである。

それに対し陀羅尼門は、経巻を受持読誦《じゅじどくじゅ》することで仏の加護を受けることであり、在家《ざいけ》者とともに実践することができる。陀羅尼はダーラニーの音写《おんしゃ》語であり漢訳では総持《そうじ》と意訳するように、ダーラニーの原義は憶持《おくじ》し記憶するという意味がある。そのために般若経での陀羅尼の本義は、記憶することであって呪文的な意味ではないとの解釈もある。確かに経文《きょうもん》を暗記することは重要ではあり、実際にそれを勧めていたと思われる。しかしそれだからといって、陀羅尼に呪的な意味がないことにはならない。

大乗の菩薩が仏教信者に般若経の受持読誦を勧めるのは、大乗仏教を広めるためである。一般の人々にとって、経巻を受持読誦することすなわち陀羅尼を唱えることは、そのことで仏の加護にあずかることができると考えるからである。陀羅尼には「悪を遮《しゃ》し善を生ずる呪力」があり、言い換えればそこには様々な障害や災いから免れる力が存在するからである。

救いを求める人々にとっては、人智を超えた不可思議な力こそ生きる支えとなるのである。

◇真言とは何か

大乗仏教ではさほど用いられていなかった真言は、密教では極めて重視されてくる。空海《くうかい》が自宗を真言宗と名づけたのは、密教にとって真言が最も意味があるからと考えたからにほかならない。

密教にとって真言は法身大日如来《ほっしんだいにちにょらい》の言葉そのものであり、それ故真言の一字一句が密教の神髄《しんずい》であり、そこには密教の教法のすべてが込められている。敷衍《ふえん》すれば曼荼羅《まんだら》上に描かれる仏《ぶつ》・菩《ぼ》薩《さつ》・明王《みょうおう》・天《てん》等のあらゆる尊格《そんかく》に真言があり、それは大日如来の本誓《ほんぜい》を個別的具体的に表している。曼荼羅の諸尊《しょそん》すべてに真言があるのは、その真言を唱えることでこれら尊格の威神力《いじんりき》が働くことを意味している。

真言・陀羅尼とは、「大日如来の言葉」にほかならない。
（写真は金剛界大日如来）

大乗仏教も密教も明呪（ヴィドヤー）・陀羅尼（ダーラニー）・真言（マントラ）と称する呪文を用いているが、その用い方には相違がある。大乗仏教では人々を仏道に導くこと、すなわち利他行《りたぎょう》を本義としている。大乗の菩薩は現象世界に目を向け、在家者・出家者がともに歩むことを第一義としたのである。その実践とは経巻信仰を勧め唱えることの意義を訴えたことにほかならない。大乗仏教の基本姿勢は、あくまでも現実世界における衆生《しゅじょう》利益《りやく》を目的としたものなのである。

密教では呪句のなかでも特に陀羅尼と真言を重視し、これらを出家者の行法《ぎょうぼう》と結びつけたところが大乗仏教と大きく異なる点である。大乗仏教は利他を旗標《はたじるし》とするので、菩薩はあえて悟らず衆生救済の実践を行った。それに対し密教は空海の即身成仏《そくしんじょうぶつ》の思想にあるように、この身このままで悟りを得ることを理想とし、そのための行法を三密行《さんみつぎょう》とした。

三密行とは、私たちと大日如来は本質的には同一であるとの理念のもとに、それを実現すべく行う真言行者《しんごんぎょうじゃ》の修行である。そして真言行者の身《しん》（からだ）・口《く》（ことば）・意《い》（こころ）の三業《さんごう》が大日如来と等同となったとき、それを三密という。その際の口密《くみつ》が真言であり、陀羅尼なのである。真言行者が誦《じゅ》する真言や陀羅尼は究極的には利他のためであるが、まずは修行者自身が大日如来と一体となることが修行の目的である。すなわち身体的には印契《いんげい》を結び精神を統一し、真言を唱えることで教法と一つとなり、心は仏の本誓《ほんぜい》に住することである。特に真言は大日如来の言《ごん》説《ぜつ》であり、ありとあらゆる教えが包含されているのである。

なお、真言と陀羅尼は名称は異なるが、本質的には同じものである。なぜなら真言も陀羅尼もすべて大日如来の説法の言語であり、まさに理《り》にかない真実にして虚妄《こもう》がない真実語であるので、あえて区別する理由はない。強《し》いていえば長短の違いであり、たとえば仏頂尊勝《ぶっちょうそんしょう》陀羅尼・宝篋印《ほうきょういん》陀羅尼・阿弥陀如来根本《あみだにょらいこんぽん》陀羅尼等の字句の多いものを陀羅尼といい、短いものを真言というのである。

◇真言・陀羅尼を唱えよう

いずれにせよ真言・陀羅尼は、仏・菩薩等の理想とする教えを凝縮して言葉としたものであるので、これを翻訳すれば一面的な意味しか伝えることはできない。呪句は知的に理解するものではなく、信じ唱えることに意義があり、その信仰の力が神仏の加護を生み出すのである。

人が生きて行くためには、必ず支えてくれる陰《かげ》の力が必要である。真言・陀羅尼を唱えることは、目には見えない仏・菩薩の救いの手が差し伸べられるのである。

つらいとき・苦しいとき・負けそうなときはもちろん、何かを成《な》し遂《と》げたいとき、そんなときには是非とも真言・陀羅尼を唱えてほしい。

梵字・悉曇《しったん》とは

種智院大学副学長
児玉《こだま》 義隆《ぎりゅう》

インドで悉曇文字が使用されていた時期は、およそ六世紀から九世紀頃と推定される。この時期、インドでは密教が興《おこ》り、『大日経《だいにちきょう》』、『金剛頂経《こんごうちょうきょう》』が成立している。智証大師円珍《ちしょうだいしえんちん》（在唐期八五三～八五八）の請来《しょうらい》になる『梵夾《ぼんきょう》』（大日経真言・十二天真言）は、九世紀頃に貝葉《ばいよう》に書写《しょしゃ》された経典で、書体は悉曇文字である。これ以外にも、円珍は、九世紀頃の『梵夾』（金剛頂経）を請来している。このことから鑑《かんが》みて、『大日経』、『金剛頂経』の原典には、書写年代からみて、悉曇文字が用いられたとみて大過ないであろう。

現在のインドでは、悉曇文字は一部の研究者を除いて、使用されていない。

密教は、日本の宗教の中で定着しており、その教義においても重要な役割を担っている。今、わたしたちが書写・観想《かんそう》・念誦《ねんじゅ》している梵字（悉曇）は、弘法大師《こうぼうだいし》空海《くうかい》によって伝えられ、真言密教とともに一千二百余年の間、独自の歩みをしてきている。そのため、インドで成立した悉曇文字や中国から伝来した悉曇文字とも異なる日本独自の書風《しょふう》が完成する。現行梵字は、日本風に変容したとは言え、書体そのものが変化したのではなく、書風の個性による変容である。

本稿では、インド、中国の梵字の歴史を踏まえ、日本へ伝来し、定着した梵字悉曇の特色について述べて行く。

◇梵字の成立

梵字の成立については、その起源が分かれる。第一の起源説は、紀元前三千年頃のインダス文字である。インダス文字は、方形の印章で、鳥・獣・魚等とともに、象形《しょうけい》文字が記されている。この象形文字をインダス文字と呼んでいる。

第二は、アショーカ王（在位西暦前二七二～二三二）の法勅《ほうちょく》文に刻まれたブラーフミー（梵寐《ぼんび》）文字である。ブラーフミー文字は、梵天《ぼんてん》が創造した文字と伝えられ、梵字と呼ばれている。一般的にブラーフミーから派生した文字を梵字と言う。

ブラーフミーについては、G・ビューラー（一八三七～一八九八）の『インド字形学』等の研究がある。ビューラーの文字の変遷表によると、悉曇文字の祖型は、ブラーフミーに求められる。もっとも、ブラーフミーから、悉曇文字に短期に移行するわけではなく、そこには永きに亘《わた》る文字の変遷史がある。悉曇文字と直接影響があるのは、西暦四世紀頃のグプタ型文字である。悉曇文字の基本型は、グプタ文字である。ナーガリー型文字もグプタ型からの派生型であり、デーヴァナーガリーは、近世インド文字の主流となった。

密教で相承している悉曇文字は、字形学上、シッダマートリカータイプ（悉曇字母《じも》型）と呼称し、悉曇字母を指す言葉である。悉曇字母を日本（密教）では、悉曇とも梵字とも言っている。

悉曇の写本では、『法隆寺貝葉《ほうりゅうじばいよう》』（東京国立博物館蔵）が、悉曇で書写された最古の資料として、現在もその資料価値は高い。

法隆寺貝葉は二葉あり、『般若心経《はんにゃしんぎょう》』・『仏頂尊勝陀羅尼《ぶっちょうそんしょうだらに》』・『悉曇五十一字母』が説かれている。覚賢《かくげん》の『斑鳩古事便覧《いかるがこじべんらん》』には、遣隋使《けんずいし》小野妹子《おののいもこ》将来とある。貝葉の書写の年代については、小野妹子将来説（推古天皇十七年、六〇九）とも関わってくるが、ビューラーは、六世紀前半以前の説を取る。その後の研究では八世紀あるいは九世紀まで幅を持たせている。

法隆寺貝葉の研究は、田久保周誉・金山正好『梵字悉曇』（一九八一年、平河出版社）、矢板秀臣「法隆寺貝葉『般若心経』写本についての一報告」（『智山学報』第五十輯、二〇〇一年）、頼富本宏編著・下泉全暁・那須真裕美著『図解般若心経入門』（二〇一二年、ナツメ社）等に取り上げられ、貝葉の素材、経典の組み合わせ、内容、梵字字体等から、貝葉梵字の書写時代まで言及している。

筆者も、法隆寺貝葉の字体に着目している。法隆寺貝葉が知られるのは、浄厳律師《じょうごんりっし》が一六九四年に貝葉本を写してから以降である。鎌倉期には、その存在は知られていたようであるが、具体的な記述はない。

日本には、法隆寺貝葉以外にも古写本が数本存在している。法隆寺貝葉と書写年代がほぼ同時期のものは、大阪・高貴寺、京都・知恩寺、奈良・海竜王寺、京都・清涼寺、京都・東寺の六梵夾である。書写年代はいずれも七～八世紀、経典の内容も『倶舎論《くしゃろん》』の一部分であり、書体もグプタ文字の系統で共通している。法隆寺貝葉のみ、書体書風が異なる。

法隆寺貝葉と共通の貝葉書体は、日本に将来された貝葉には見いだせない。むしろ、中国の資料の中に近い書風の資料が存在する。中国・西安《せいあん》、碑林《ひりん》に所蔵されている、八～九世紀頃の「梵字経幢《きょうどう》」に刻まれている梵字は、書風において著《いちじる》しい差異はみられない。

日本の資料では、円珍請来の『五部心観《ごぶしんかん》』の中の梵字が、書風に共通性がある。いっぽう、空海の『三十帖策子《さんじゅうじょうさくし》』には、多数の梵字真言・陀羅尼が書写されており、空海の真筆《しんぴつ》と言われている資料のなかには、点画《てんかく》（母音符号）において、貝葉の時代的特色を反映している字体も確認できる。中国の唐代の梵字資料は、数量的には十分とは言えないが、法隆寺貝葉と近似していることは否めない。

◇中国の梵字の受容と展開

中国では、原典を訳出するに当たり、漢訳せずに、原語をそのまま伝えたものがある。玄奘三蔵《げんじょうさんぞう》の五種不翻《ごしゅふほん》では、真言・陀羅尼等の秘密語が入っている。とくに密教経典は、真言・陀羅尼を多く説いているので、そのまま、梵字で伝えるか、漢字で梵字の音を写すかして、原典そのままを伝えている。中国の梵字の受容がそのまま、日本の梵字の受容にも継承されている。

中国で梵字を受容する際、インドの形式をそのまま踏襲《とうしゅう》せずに、書写様式を改めている。貝葉に代えて、紙に。ペンや硬筆《こうひつ》状の筆記用具を、自国の毛筆・朴筆《ぼくひつ》に。そして横書きに加え、縦書きも併用した。これらにより、インドの貝葉体とは、書風の異なった中国風（唐様《からよう》）梵字が完成。これらの様式がそのまま、日本へ伝わる。したがって、梵字が伝来した当初は、唐様の梵字が中心であった。

中国で梵字・悉曇が盛んになるのは、密教経典の翻訳と関係する。開元《かいげん》の三大士《さんだいし》と呼ばれた善無《ぜんむ》畏《い》三蔵（六三七～七三五）、金剛智《こんごうち》三蔵（六七一～七四一）、不空《ふくう》三蔵（七〇五～七七五）は、多数の密教経典の翻訳に携《たずさ》わっていたため、梵字・悉曇に造詣が深かったことは疑う余地がない。

この時期の中国では、梵語辞書が完成し、日本へも多くの梵語辞書が将来されている。また、梵字の綴《つづ》り方《かた》を示した〝悉曇章《しったんじょう》〟も多く遺《のこ》されている。その一部は、日本へも将来されている。

また、日本の梵字悉曇学に大きな足跡《そくせき》を遺した『悉曇字記《じき》』も、この時期に撰述されている。『悉曇字記』は、南インドの悉曇を説いた書物で、主な内容は、梵字の綴字法《ていじほう》を十八章から説明したもので、悉曇の習字帳である。日本では、安然《あんねん》（八四一～九一五頃）が自著『悉曇蔵《ぞう》』で、『字記』の十八章を紹介しており、推奨している。この時以来、悉曇習得の教科書として、十八章が使用されるようになる。真言宗は、空海の『梵字悉曇章』や『大《だい》悉曇章』が相承されてきたが、難解なためか、真言宗も十八章を梵字習得の教科書として用いるようになったと伝える。

『悉曇字記』に説かれる十八章綴字法は、日本の梵字悉曇学の方向性を示した書物として今に伝わっている。従って、『字記』の注釈書も頗《すこぶ》る多く遺されており、刊行されている。江戸時代までの悉曇学は『悉曇字記』の学問でもあった。

◇日本伝来の梵字の受容と日本的展開

梵字の伝来は古く、既に奈良時代に悉曇学関係の専門書が将来されている。安然は『悉曇蔵』第三に、林邑《りんゆう》の仏哲《ぶってつ》が将来した十四章から成る悉曇章の内容を記載している。仏哲は、林邑（ベトナムの一部とタイの一部）出身で、七三六年に婆羅門僧正《ばらもんそうじょう》菩提僊那《ぼだいせんな》一行に同行している。この悉曇章は、現存していないが、悉曇章としては、日本最初のものである。奈良時代には活用されていたものと思われる。

日本へ密教とともに体系的な悉曇学を将来したのは、弘法大師空海をもって嚆矢《こうし》とする。空海が著した梵字悉曇の専門書『梵字悉曇字母并《ならびに》釈義』は、密教における梵字の重要性を端的に説いている。本書の中で、『大日経』を引用して、梵字は陀羅尼《だらに》の文字であることを説く。陀羅尼は総持《そうじ》と訳され、すべてが保たれている状態を言う。すなわち、たとえば𑖀（ア、阿）は、眼で見る対象である文字の形、耳で聴く対象であるアという音声、意識（観想）の対象である「阿字本不生《あじほんぷしょう》」という字義。それぞれ現われ方は違っているが、アという文字の本質は一つであり、これがそのまま法（実在）であると説く。互いに異なる現象がお互いを〝総持〟しているのが陀羅尼の文字である。空海は、このことを、「梵字一字の中に無量の教文を総摂《そうしょう》し、一法の中に一切の法を任持し、一義の中に一切の義を摂持《しょうじ》し、一声の中に無量の功徳を摂蔵《しょうぞう》す」と結んでいる。

本書では、さらに陀羅尼の功徳を種々に分別し、四種、五種の陀羅尼を説き、密教の陀羅尼は、梵字一字一字の中に仏の五智《ごち》を保つと言う。陀羅尼の文字は、仏智を象徴する文字であり、さまざまな修行法に用いられ、重要な働きをしている。また、仏の文字の象徴であるため護符や塔婆《とうば》供養《くよう》などを通じて、梵字が広く人々の信仰の中に生きている。

『般若心経秘鍵《ひけん》』第五秘密真言分に、「真言は不思議なり　観誦《かんじゅ》すれば無明《むみょう》を除く　一字に千理を含み　即身《そくしん》に法如《ほうにょ》を証《しょう》す」（後略）という頌《じゅ》を説く。この中の「観誦（観想・念誦《ねんじゅ》）……一字の中に千理を含み」の語が的確に陀羅尼の文字を言い表わしている。

このように、空海は梵字を仏智《ぶっち》と考え、大切に扱い、日本悉曇学の確立者となっている。以降、最澄《さいちょう》、空海の入唐《にっとう》から数えて、約六十年の間に入唐八家《はっけ》により、膨大《ぼうだい》な数の梵字資料が請来される。請来資料は、安然によって精査され、『諸阿闍梨耶密教部類総録《しょあじゃりやみっきょうぶるいそうろく》』二巻に収録されている。

前述したように、安然によって悉曇学の学問の方向性が定まり、悉曇学の最盛期を迎える。

◇日本悉曇学の特色

【①音韻《おんいん》研究】……安然以降の悉曇学は、『悉曇字記』の研究、その中、とくに発音に関する音韻研究が盛んになる。五十音図は、悉曇研究の成果であり、国語の音韻研究の資料として貢献している。

【② 書風の変遷】……空海が日本へ伝えた梵字は、唐様梵字が中心であった。帰朝後、空海はどのような梵字を書写揮毫していたかについては、資料に乏しく不明瞭である。ただし、大師《だいし》流《りゅう》の梵字から推察すると、自身による書風は完成していたのではないかと推察することができる。

現行の梵字形は、梵字の永い歴史の中で、定着した梵字である。

【③ 悉曇灌頂《しったんかんじょう》】……悉曇灌頂は、悉曇の阿闍梨《あじゃり》となるための書法や発音等、秘法を授かる儀式である。前行《ぜんぎょう》として、悉曇加行《けぎょう》を授かり、「悉曇十八章」の伝授もあり、十八章を完成させる。悉曇灌頂には、道場を設《しつら》う。道場には、両界《りょうかい》の悉曇曼荼羅《まんだら》、八祖梵号《はっそぼんごう》、観音《かんのん》、文殊菩薩《もんじゅぼさつ》の真言を掛け、道場を荘厳《しょうごん》する。

次々ページに掲載した写真は、平成二十八年（二〇一六年）、総本山仁和寺《にんなじ》道場で行なわれた悉曇灌頂に用いた悉曇曼荼羅と、八祖梵号のうち空海の梵号（ボキャサンボダラ）である。

悉曇灌頂は、悉曇の阿闍梨となるための、独自な儀式で、後世に相伝していくためにも重要である。

【④書流《しょりゅう》】……現行梵字は、江戸時代一般的に行なわれていた書風に、澄禅《ちょうぜん》、浄厳《じょうごん》の技巧的特色を持つ澄禅流。高貴寺に伝わる貝葉体《ばいようたい》に範を取り、毛筆で貝葉体の趣《おもむき》を加え新しい書風を完成させた慈雲飲光《じうんおんこう》の書流に大別できる。

浄厳律師は、元禄《げんろく》七年（一六九四）五十五歳で、法隆寺貝葉を毛筆で書写している。五十五歳という年齢から推察して、自身の書風は完成していたものと思われるが、写本は、法隆寺貝葉の趣を遺している。

これらの書風の流れからみて、日本には、法隆寺貝葉の流れを汲む、浄厳、澄禅の書流。慈雲飲光が梵字研究のため、範とした高貴寺貝葉に通ずる書流。この流れの書体を、「南天《なんてん》系」、「中《ちゅう》天《てん》系」の書風の違いと考えることも可能である。今後の更なる研究に俟《ま》ちたい。

——以上、密教における梵字の重要性、日本の梵字の特色を、音韻、書風、儀式、書流の面から見てきたが、梵字悉曇は、密教学の一分野であり、決して梵字のみが一人歩きをするものではない。

「悉《しっ》曇《たん》曼《まん》荼《だ》羅《ら》と空《くう》海《かい》梵《ぼん》号《ごう》」

（京都・仁和寺蔵／いずれも児玉義隆書）

悉曇灌頂（師が弟子に梵字の秘法を伝授する儀式）を行なう道場を、荘厳するために制作されたもの。

上＝悉曇曼荼羅（金剛界）

左＝空海梵号「ボキャサンボダラ」（八祖梵号の一つ）

「金《こん》胎《たい》両《りょう》部《ぶ》大《だい》日《にち》如《にょ》来《らい》　種字・真言」

（児玉義隆書）

右＝胎蔵大日「アーンク／アビラウンケン」
左＝金剛界大日「バーンク／バザラダトバン」
左斜め下＝筆者署名「沙門義隆」

諸仏の種字《しゅじ》・真言①

―如来《にょらい》

大本山室生寺教務執事
網代《あじろ》 裕康《ゆうこう》

● 釈迦如来（しゃかにょらい）

【種字】

（バク）

【真言】

ノウマク・サマンダ・ボダナン・バク

（あらゆる方角に在《おわ》しますブッダを礼拝《らいはい》します［礼拝の定型句］、ブハッ［釈迦如来よ！　種《たね》に譬《たと》えられる一音節の真言。種字真言《ビージャ・マントラ》］）

釈迦如来（奈良・室生寺蔵）

善無畏《ぜんむい》訳『大毘盧遮那成仏神変加持経《だいびるしゃなじょうぶつじんべんかじきょう》』（大日経《だいにちきょう》）普通真言蔵品《ふつうしんごんぞうぼん》に説かれる真言である。

釈迦牟尼《しゃかむに》（シャーキャ族の聖者の意）＝釈尊《しゃくそん》は歴史上実在し、ブッダ（覚者）となったシッダールタの呼称である。しかしここでは同経、入漫荼羅具縁真言品《にゅうまんだらぐえんしんごんぼん》所説の大悲胎蔵生《だいひたいぞうしょう》マンダラを構成する〈釈迦院《しゃかいん》〉の主尊《しゅそん》である、密教仏の〝釈迦如来〟について解説する。

その姿は「黄金の光につつまれて三十二

の優れた身体的特徴を有し、赤褐色《かっしょく》の袈裟《けさ》をまとって白蓮華《びゃくれんげ》に坐《ざ》す。教えを広めるさまを表わす説法の所作《しょさ》をなす」とされていることから、法を説く釈尊がモデルである。

また同体とされる如来は、〈中台八葉院《ちゅうだいはちよういん》〉の内、北方の花弁に位置する天鼓雷音《てんくらいおん》如来（天に轟《とどろ》く雲のドラム音・雷鳴の意）である。経の解説書『大日経疏《しょ》』（善無畏口述）によれば、「経ではその意味から不動《ふどう》仏（阿閦《あしゅく》如来のこと）と呼ぶが、本名は天鼓雷音如来である」とする。

この如来は、右手指先を大地に触れる姿で描かれるが、それは、心身を苦しめ悩ませる欲動（煩悩《ぼんのう》）、対象化による執着（蘊《うん》）、生命を脅《おびや》かす死、そして誘惑する魔の神、これら四つの魔障《ましょう》を退《しりぞ》け克服したことを表わす。

即ち、魔を降伏《ごうぶく》した釈迦如来がモデルである。そのため、『金剛頂経《こんごうちょうきょう》』所説の金剛界《こんごうかい》マンダラ内、東方・阿閦如来との混同が見られるが、同じ方位の北方・不空成就《ふくうじょうじゅ》如来（必ず達成する意）と同体とされる。

●阿弥陀如来（あみだにょらい）

【種字】（キリク）

【真言】**オン・アミリタテイゼイ・カラ・ウン**

（オーン［敬虔《けいけん》なる挨拶の意］、不滅の命と光ある者よ、［極楽《ごくらく》へ］連れ去りたまえ、フーン［招きたまえ］）

不空《ふくう》訳『無量寿如来観行供養儀軌《むりょうじゅにょらいかんぎょうくようぎき》』に根本陀羅尼《こんぽんだらに》（大呪《だいしゅ》）とともに説かれる真言（小呪《しょうじゅ》）である。この小咒を「十万遍《べん》唱えれば、阿弥陀如来に見《まみ》え、死後必ず極楽に生まれる」とされる。

阿弥陀は梵語アミタの音写《おんしゃ》。ミタは量《はか》られた（英語のミータァ、メジャーと同語源）、アは否定の接頭語で「量られざる」という意味である。救いと恵みをもたらす光（アーブハ／輝き）と、不死（アムリタ／天界の不死の妙薬《みょうやく》ソーマ・甘露《かんろ》に譬えられる）即ち涅槃《ねはん》（ニルヴァーナ／解脱《げだつ》）が永遠の命（アーユス／長寿）と解されて、無量光《むりょうこう》と無量寿《むりょうじゅ》という二つの名を持つのである。

詳しくは『無量寿経』に説かれる。

阿弥陀如来は現在、この世から西へ十万億番目（天文学的序数）にある「極楽（スカーヴァティー）」

阿弥陀如来（京都・法界寺蔵）

という名の仏国土《ぶっこくど》（ブッダ・クシェートラ／浄土《じょうど》は意訳）に居住し、常に法を説いているという。そこは自身が考え抜いた誓願《せいがん》（本願《ほんがん》／究極的理想の実現）に基づいて建設を遂《と》げた、美しく豊かで平穏な国である。来世での救済を願い、死後そこに再生（往生《おうじょう》）したいと欲する者は、阿弥陀如来を信仰すれば必ず叶えられるとする。両部マンダラではいずれも西方に位置し、無量光または無量寿と呼ばれる。

● 薬師如来（やくしにょらい）

【種字】

（バイ）

【真言】オン・コロ・コロ・センダリ・マトウギ・ソワカ

（オーン、［魔障よ］退け、去れ、チャンダーリ女神よ、マータンギ女神よ、スワーハー［祈りの成就《じょうじゅ》の意］）

金剛智《こんごうち》訳『薬師如来観行儀軌法《やくしにょらいかんぎょうぎきほう》』の薬師瑠璃光《るりこう》仏を迎え招く際に説かれる真言である。また、不空訳『菩提場所説一字頂輪王経《ぼだいじょうしょせついちじちょうりんのうきょう》』では、魔除け護身の無能勝明王《むのうしょうみょうおう》（アパラージタ／敗れざる）の真言としている。

薬師如来（京都・浄瑠璃寺蔵）

その中の「チャンダーリ／粗暴な者」「マータンギ／大柄で粗野な者」とは、いずれもヴァルナ（インドの種姓制・カースト）に含まれない最下層の先住部族名である。彼らの家業の職種は差別され、蔑視されたが、独自に伝承された文化・知識を持ち、その能力は恐れられた。この真言は彼らの呪術的な力を反映したものと思われる。

『薬師瑠璃光七仏《しちぶつ》本願功徳経』に、薬師（バイシャジヤ・グル／医薬の尊師）は、この世から東方へ、ガンジス河のすべての砂の十倍の数の仏国土を越えた処《ところ》にある、「浄瑠璃《じょうるり》（ヴァイドゥールヤ・ニルバーサー／輝くラピス・ラズリ　群青《ぐんじょう》の宝石）」という名の国に居住する。大地は瑠璃ででき、その環境は西方・極楽世界のようであり、日光遍照《にっこうへんじょう》（スールヤ・ヴァイローチャナ）と月光遍照《がっこうへんじょう》（チャンドラ・ヴァイローチャナ）の二菩薩を従えると説かれる。

薬師如来は、釈尊が〝医王《いおう》〟と尊称されたことによる命名のためか、釈尊とほぼ同じ姿（後世、薬壺《やっこ》を持つ）であり、両部マンダラに登場せず、インドにもその造像が見つかっていない。

●金剛界　大日如来（こんごうかい　だいにちにょらい）

【種字】  （バン）

【真言】 **オン・バザラダト・バン**

（オーン［敬虔なる挨拶の意］、金剛界よ、ヴァン［遍照《ビルシャナ》の種字］）

この真言は、真言宗の最も重要な灌頂《かんじょう》儀礼（即身成仏《そくしんじょうぶつ》するための儀式作法）を説く金剛智訳『金剛頂瑜《こんごうちょうゆ》伽《が》中略出念誦《ちゅうりゃくしゅつねんじゅ》経《きょう》』に説かれる。

大日如来とは善無畏による意訳で、梵名はビルシャナ（毘盧遮那　ヴァイローチャナ／遍《あまね》く照らす者）であり、真言密教の教主である。経においては、「大」は冠せずビルシャナ尊首《そんしゅ》と呼称されている。

金剛界大日如来（栃木・遍照寺蔵）

因みに原典では、大（マハー／偉大なる）が冠せられると法身《ほっしん》または最高神・一切如来《いっさいにょらい》を意味するが、通常、使い分けされない。

歴史上の釈尊が、一切義成就《いっさいぎじょうじゅ》（サルヴァールタ・シッダ、即ちシッダールタの文字の入替え《アナグラム》で釈尊の意）という名の菩薩として登場し、菩提樹《ぼだいじゅ》の根元で瞑想しているところへ、最高神・一切如来が現われ、五相成身観《ごそうじょうじんがん》（五段階の成仏法）を教授して成仏させる。そのプロセスの中で、釈尊は、金剛名《こんごうみょう》による灌頂《かんじょう》（この場合、付与《ふよ》を意味する）を得て、付与された名が「金剛界（金剛のように堅固《けんご》な心性ある者の意）」なのである。

〝金剛界如来〟となった釈尊は、導かれて須弥山《しゅみせん》の金剛摩尼宝頂楼閣《こんごうまにほうちょうろうかく》（豪華な重層宮殿）へ赴《おもむ》き、一切如来と同じ最高神の地位を得る。そこで新たに編制されたのが〝金剛界マンダラ〟なのである。

この金剛界マンダラの中尊《ちゅうそん》としての金剛界如来（釈尊）こそが、ビルシャナであり、私たちが一般的に「金剛界大日如来」と呼んでいる仏である。

金剛界大日如来は、如来であるにもかかわらず菩薩の姿である。経には、〝智拳印《ちけんいん》（菩提最上《ぼだいさいじょう》契《けい》）を結び、結跏趺坐《けっかふざ》して厳《おごそ》かに坐る。肌は白く美しい容姿で、髪を垂れ宝冠を被《かぶ》り、彩り良い絹《きぬ》を腰にまとい、条帛《じょうはく》（紲《せつ》、聖紐《しょうちゅう》）を披《き》る〟と説かれる。

●胎蔵　大日如来（たいぞう　だいにちにょらい）

【種字】（ア）

【真言】**オン・ア・ビ・ラ・ウン・ケン（キャン）**

（オーン、四つの魔障を退け、解脱して、一切知者《いっさいちしゃ》の智を成就せん）

胎蔵生マンダラ（一般的には胎蔵マンダラまたは胎蔵界マンダラと呼ばれているが、本稿では「大悲《だいひ》胎蔵生」という原名にしたがい胎蔵生マンダラと呼ぶ）の中尊の大日如来である。前項の金剛界大日如来と同様に、経では、大日如来ではなくビルシャナという梵名で呼称されている。

オン・ア・ビ・ラ・ウン・キャンは、善無畏訳『大日経』悉地《しっじ》出現品《しゅつげんぼん》に説かれる真言である。ただし経では「オン」ではなく「ノウマク・サマンダ・ボダナン」という礼拝の定型句となっている。おそらく金剛界大日如来の真言との調和のために差替えられたと考えられる。

胎蔵大日如来

なお、真言宗諸派の中には、この真言の末尾の「ケン」を、「キャン」と発音する派もある。筆者が所属する真言宗室生寺派もその一つである。

経では、この真言は、ビルシャナ（胎蔵大日如来）が「金剛遊戯《こんごうゆげ》（金剛杵《しょ》を弄《もてあそ》ぶ）」という名の瞑想に入って説かれた、四つの魔障を退ける「金剛字句《じく》」であるとしている。普通これを五字明《ごじみょう》と呼ぶが、インドのラリタギリ遺跡から発掘された胎蔵生ビルシャナ石像には、「アハ・ヴィーラ（勇者）・フーン・クハン」と彫られているのが興味深い。

因みに、五字の字母が身体を構成する、ア（地・肉体／不生《ふしょう》）・ヴァ（水・体液／離言語《りごんご》）・ラ（火・体温／離激情《りげきじょう》）・ハ（風・呼吸／離因《りいん》）・クハ（空・宇宙／虚空《こくう》）の五大要素の種字に当てはめられた密教的解釈もなされている。

胎蔵生ビルシャナは、金剛界ビルシャナに先立って菩薩の姿をしている。何故なら『大日経』

の思想は、観念的な慈悲ではなく、直接的な慈悲の実践としての菩薩行《ぎょう》を説いているからである。
その姿は入漫荼羅具縁真言品《にゅうまんだらぐえんしんごんぼん》に「中央に大日を観ぜよ。白蓮華に坐し、髪を高く結《ゆ》った冠のような髻《もとどり》をし、身体全体から色とりどりの光を放っている」としている。

●阿閦如来（あしゅくにょらい）

【種字】（ウン）

【真言】**オン・アキシュビヤ・ウン**

（オーン［敬虔なる挨拶の意］、怒りを起こさざる者よ、フーン［抑制し制御する意。または、阿閦の種字］）

金剛智訳『金剛頂瑜伽中略出念誦経《こんごうちょうゆがちゅうりゃくしゅつねんじゅきょう》』に説かれる真言である。阿閦（アクショービヤ）は梵

阿閦如来

語の音写。クショービヤは（他者によって）怒らされたり、苛《いら》立《だ》たされたりすることで、アは否定の接頭語。即ち怒りや苛立ちを克服して穏やかな境地にいる者を表わす。漢訳では不動または無動。

　支《し》婁《る》迦《か》讖《せん》訳『阿閦仏国《ぶっこく》経』によると、この世から東方へ千の仏国土を過ぎて「妙《みょう》喜《き》（アビラティ／快楽へ向う）」という名の国がある。その国で、かつて大《だい》目《もく》（大きな目をした）という名の如来が、六種の菩薩行（成仏への実践法）を説いたとき、一人の比丘（出家者）が過去の大菩薩たちがたてた誓願を学び、理想の国土の建設を目指して成仏しようと決意した。その際、他者に対し決して怒りを起こさないという誓いを立てたので、阿閦と呼ばれた。やがて誓願は成し遂げられ、成仏して妙喜国の法王となったのである。

阿閦は金剛界マンダラの東方に位置し、右手指先を大地に触れる姿で描かれる。普通、これは釈尊が成道《じょうどう》の際に四つの魔障を退け克服したことを表すが、先の経の発意受慧品《ほっちじゅえぼん》で阿閦大菩薩が、誓って挫《くじ》けないことを「右指を以て地を按《あん》じ、大震動せしむべし」と言って、六種に震動させたことに由来すると考えられる。

大悲胎蔵生マンダラ〈中台八葉院〉の東方・宝幢《ほうどう》如来と同体とされる。

諸仏の種字・真言②
―観音《かんのん》

大正大学名誉教授
髙橋《たかはし》　尚夫《ひさお》

●聖観音（しょうかんのん）

【種字】

（サ）

【真言】オン・アロリキャ・ソワカ

（オーン、アーローリック《蓮華尊《れんげそん》、観音》よ、スヴァーハー）

観音［菩薩《ぼさつ》］の原語は、アヴァローキテーシュヴァラ（Avalokiteśvara）というのが最もポピュラーな説であり、「観自在《かんじざい》」と訳される。特異な形として、アヴァローキタスヴァラ（Avalokita-svara）というのがあり、スヴァラ（音声《おんじょう》＝人々の願い）を観察するということで、これが「観音」と訳されるいわれであるという。この外、観音のサンスクリット名にはAvalokitasmṛta（念彼《ねんぴ》観音）など様々な見解が交わされているが、割愛する。

聖観音（島根・仏谷寺蔵）

さて、聖観音の真言のアーローリック（ārolik）は不明である。alolik と記す説もある。『秘密集会《しゅうえ》』（グフヤサマージャ）では蓮華部の主尊「世自在大明《せじざいだいみょう》呪尊《しゅそん》」の心《しん》真言として出ている。

他の梵文《ぼんぶん》資料にも ārolik と記される。
ālolik と記す場合は、パーリ語の ālolī（泥）の派生語とみて、「泥から生じたもの」すなわち蓮華として、蓮華部すなわち観音部に関連付け、蓮華尊とする。
種字の sa《サ》 は真理を意味する satya（諦《たい》）の頭《かしら》文字とされるが、『大日経《だいにちきょう》』には saḥ《サク》 とあり、『大日経疏《しょ》』によれば、saḥ は諸漏《しょろ》とする。漏ならば āsrava、あるいは srava の sa 字であり、涅槃《ねはん》点（ḥ）を付けることによって、諸漏を除遣《じょけん》する無漏の観なるが故に自在であるという（『大日経疏』六八六下）。しかし、現在 saḥ は勢至《せいし》菩薩の種字として用いられている。
なお、オンは「帰命《きみょう》」、ソワカは「吉祥《きっしょう》」を表わすが、共に聖音であり、訳は施さないでおく。

●十一面観音（じゅういちめんかんのん）

【種字】

（キャ）（サ）（キリク）

【真言】 オン・ロケイジンバラ・キリク［ソワカ］

（オーン　世自在《せじざい》尊よ　フリーヒ　［スヴァーハー］）

十一面観音のサンスクリット名はエーカーダシャムッカーヴァローキテーシュヴァラといい、文字通り十一の面（顔）を持った観自在［菩薩］という意味である。

種字のキャ（ka）は［大《だい》］悲《ひ》（karuṇā）の頭文字と考えられる。

この真言は原典には、根本真言として、**「オン・ロケイジンバラ・アランジャ・キリク」**（世自在王よ、キリク）と出てくるが、一般に唱えられているものを挙げた。

十一面観音

又、もう一つ、**「オン・マカキャロニキャ・ソワカ」**（オーン、大悲を有するものよ、スヴァーハー）という真言があり、十一面観音心呪《しんじゅ》といわれる。

●千手観音（せんじゅかんのん）

【種字】（キリク）

【真言】**オン・バザラタラマ・キリク**

（オーン　金剛法《こんごうほう》尊よ　フリーヒ）

千手観音のサンスクリット名はサハスラブジャといい、千の腕を持つものの意である。千手千《せん》眼《げん》観自在菩薩ともいう。観音菩薩の誓願は慈悲に外ならないが、中でも千手千眼観自在菩薩は千の手、千の目をもって衆生《しゅじょう》を救済する尊で、慈悲の究極である大悲の果徳《かとく》を表わしている。

千手観音（奈良・壷阪寺蔵）

真言のヴァジュラダルマ（金剛法）は、金剛界曼荼羅《まんだら》の蓮華部阿《あ》弥陀如来《みだにょらい》の四親近《ししんごん》の筆頭である金剛法菩薩のことである。金剛法菩薩は密教の観音菩薩であるが、なぜ、千手千眼観自在菩薩の真言に用いられているのかは不明である。

また、種字の  フリーヒ（hrīḥ）は、阿弥陀如来の種字であるが、観音にも代用さ

れる。

種字について一言すれば、hrīḥ は、「恥」（慚《ざん》）という意味の女性名詞の主格、あるいは呼格で、不空《ふくう》撰『理趣釈《りしゅしゃく》』に次のように出ている。「紇利（hrī）字を亦《また》慚の義と云う。若《も》し慚愧《ざんき》を具すれば一切の不善を為《な》さず。即ち一切の無漏の善法を具す。是《こ》の故に蓮華部を亦は法部と名づく。此《こ》の字の加持《かじ》に由《より》て、極楽世界に於《おい》て、水鳥樹林皆《み》な法音《ほうおん》を演《の》ぶ。……若《も》し人此の一字の真言を持《じ》すれば、能《よ》く一切の災禍疾病を除き、命終已後《みょうじゅういご》当《まさ》に安楽国土に生じて、上品上生《じょうぼんじょうしょう》を得べし」。なぜ「恥」という意味が阿弥陀如来の種字であるのか、これ以上の駄弁は紙数の都合で割愛するが、慚・愧は十の「大善地法《だいぜんじ》」（善の性質をもつ心作用）の内の二つでもある。

●如意輪観音（にょいりんかんのん）

【種字】

（キリク）

如意輪観音

【真言】 **オン・ハンドマシンダマニ・ジンバラ・ウン**

（オーン、蓮華と如意《にょい》宝珠《ほうじゅ》を持つものよ、輝け、フーン）

如意輪観音のサンスクリット名はチャクラヴァルティチンターマニと考えられている。「車輪のように何処《どこ》へでも往き、思いのままに願いを叶えてくれるもの」の意である。また、チャクラヴァルティンとは、理想的な君主である転輪《てんりん》聖王《じょうおう》を意味し、転輪聖王の持つ七宝のうちの一つに宝珠がある。従って真言も「転輪聖王の如意宝珠を持つもの」と解釈することも出来る（佐久間留理子著『観音菩薩——変幻自在な姿をとる救済者』春秋社 二〇一五年 参照）。

この真言は大心《だいしん》陀羅尼とも称されるが、小心《しょうしん》陀羅尼と称される心中《しんちゅう》心呪もある。**「オン・バラダハンドメイ・ウン」**（オーン、願いを叶える蓮華尊よ、フーン）である。

● 不空羂索観音（ふくうけんじゃくかんのん）

【種字】（ボウ）

【真言】**オン・ハンドマダラ・アボキャジャヤデイ・ソロ・ソロ・ソワカ**

（オーン、蓮華を持つものよ、不空なる勝利を与えるものよ、チュル、チュル、スヴァーハー）

不空羂索観音のサンスクリット名はアモーガパーシャである。アモーガ（不空）とは「空《むな》しからざる」、効果てきめんで確実であるということ。パーシャ（羂索）とは綱《つな》・縄《なわ》のことで、鳥や魚を捕らえる網《あみ》のことでもある。不空羂索とは衆生が欲しいままに行動しないよう縛り付けるという働きが確実であるということ。

真言は『不空羂索神変《じんぺん》真言経』のサンスクリット本から引用した。「秘密小心真言」と言われるが、もう一つ用いられるものに「随作事成就呪《ずいさじじょうじゅしゅ》」というのがある。**「オン・アボキャビジャヤ・ウン・ハッタ」**（オーン、不空なる勝利を有するものよ、フーン、パット）である。

また、種字の ボウ（mo）は、アモーガ（amogha）のモー（mo）である。

なお、六観音を挙げるときには、天台《てんだい》系では次の准胝《じゅんてい》観音

不空羂索観音

を除き、不空羂索観音を数え、真言系では不空羂索観音を除き、准胝観音を入れるという。

●准胝観音（じゅんでいかんのん）

【種字】（ソウ）（ボウ）

【真言】**ノウマク・サッタナン・サンミャクサンボダクチナン・タニャタ・オン・シャレイ・ソレイ・ソンデイ・ソワカ**

（七倶胝《しちぐてい》の正等覚者《しょうとうかくしゃ》たち［の母］に帰命し奉る。すなわちオーン、玉藻《たまも》なすチュンダー尊よ、スヴァーハー）

准胝観音のサンスクリット名はサプタコーティブッダマートリ「七倶胝仏母《しちぐていぶつも》」で、「准胝仏母」とも言われる。倶胝とは数の単位で、千万とも億とも言われる。准胝は准提とも書かれるが、サ

准胝観音

ンスクリットのチュンダーの音《おん》写《しゃ》語で、髪髻《ほっけい》（智慧を象徴する）のことである。その真言から、七億の仏陀を生んだ母であり、智慧の泉（チュンディー）でもある。聡明、子授けに功徳があるとされる。

　真言の「シャレイ・ソレイ」は不明であるが、波の寄せるさまを想像した。通常は後半の**「オン・シャレイ・ソレイ・ソンデイ・ソワカ」**を准胝観音呪と称している。その場合、ソンデイ（cunde）をシュッデイ（śuddhe）「浄《きよ》らかなもの」と書かれている場合があるが、間違いであろう。

なお、種字の  ソウ（cu）はチュンダー cundā の頭文字であり、 ボウ（bu）はブッダマートリー buddhamātr̥（仏母）の頭文字である。

●馬頭観音（ばとうかんのん）

【種字】（カン）（キャ）

【真言】**オン・アミリトドハンバ・ウン・ハッタ・ソワカ**

（オーン　甘露《かんろ》より生じたものよ　フーン　パット　スヴァーハー）

馬頭観音のサンスクリット名はハヤグリーヴァという。ハヤは馬、グリーヴァは頸《くび》という意味で、文字通り「馬の首を持つもの」の意。馬頭観音は頭頂に馬頭を戴《いただ》いている。ヒンドゥー神話ではヴィシュヌの化身の一つで、仏教に取り入れられた。馬頭明王《みょうおう》とも言われ、観音の中では唯一忿《ふん》怒《ぬ》形《ぎょう》をしている。馬が食物をむさぼり食うように、衆生の煩悩をむさぼり食って救済する功徳があるという。真言にある甘露との関係もヒンドゥー神話に基づく（佐久間留理子著『観音菩薩――変幻自在な姿をとる救済者』春秋社　二〇一五年　参照）。

馬頭観音

なお、種字のカン（haṃ）は尊名のハヤグリーヴァ（hayagrīva）の頭文字、よく、自動車に交通安全のワッペンが貼られているのを見る。キャ（khā）は食する（カードゥ khād）という動詞で、馬が喰らうというところから用いられる。

諸仏の種字・真言③
――菩《ぼ》薩《さつ》

種智院大学教授
山口県平生町神護寺副住職
松本《まつもと》　峰哲《みねのり》

● 文殊菩薩（もんじゅぼさつ）

【種字】

（マン）

【真言】 **オン・ア・ラ・ハ・シャ・ノウ**

（オーン、ア、ラ、パ、チャ、ナ）

種字の「マン」は、文殊菩薩のサンスクリット名「マンジュシュリー」の頭文字「マン」に由

文殊菩薩（奈良・安倍文殊院蔵）

来すると考えられている。真言のサンスクリットでの読みでは「オーン、ア、ラ、パ、チャ、ナ」となり、単なる字音の羅列で意味を作《な》していないが、この「ア、ラ、パ、チャ、ナ」の順番は『華厳経』に説かれている梵字の字音表（四十二字門）の最初の五文字と一致していて、「五字呪」とも呼ばれている。因《ちな》みに文殊菩薩の真言には他に「一字呪」、「六字呪」、「八字呪」があるが、最もよく唱えられるのがこの五字呪で

ある。

さて文殊菩薩は、智慧《ちえ》を司《つかさど》る菩薩としてよく知られているが、インド文化においては言語（ことば、音、文字）は智慧の根本であるとされていることから、智慧の菩薩の真言として、文殊菩薩の活躍が説かれている『華厳経』の字音表の最初の五文字が使われたのではないかという説もある。またこの五字は、文殊菩薩の頭頂部にある五つの髻《もとどり》に対応するとも解釈されている。

●普賢菩薩（ふげんぼさつ）

【種字】（アン）

【真言】**オン・サンマヤ・サトバン**

（オーン、汝《なんじ》は三摩耶《さんまや》なり）

真言の意味は「オーン、汝は三摩耶《さんまや》なり」となる。「三摩耶」とはサンスクリット「サマヤ」の音写で様々な意味があり、『大日経疏《しょ》』にも「平等」、「本誓《ほんぜい》」、「除障」、「驚覚《きょうがく》」の四つの意味をあげていることから、この真言において三摩耶の意味を一つに決めるのは大変困難である。

ところで普賢菩薩は、釈迦如来の脇侍として、もう一尊の脇侍である文殊菩薩が智慧を司るのに対して、行《ぎょう》（慈悲行）を司る菩薩とされている。特に普賢菩薩の行は「普賢行」といって、すべての衆生が悟りを開くまで努力を続けるという壮大な修行であり、この行に励む普賢菩薩の姿は、大乗仏教における理想の行者像とされている。

このことから真言の意味を考えると、三摩耶を「平等」という意

普賢菩薩

味で考えるなら、真言を唱える者が普賢菩薩と同じく、人々を救う利他行に励むことを誓う意味になり、「本誓」の意味に取るなら、普賢菩薩の普賢行を讃《たた》え、その行の成満《じょうまん》を願う意味になると考えられる。

● 弥勒菩薩（みろくぼさつ）

【種字】 （ユ）

【真言】 **オン・マイタレイヤ・ソワカ**

（オーン、弥勒尊《そん》よ、スヴァーハー）

真言の意味は「オーン、弥勒尊よ、スヴァーハー」となり、弥勒菩薩を讃える真言と解釈できる。「弥勒」とはサンスクリット「マイトレーヤ」の音写で、「慈しみから生じたもの」という意味であり「慈氏《じし》」と訳されることもある。

弥勒菩薩は釈迦牟尼仏《しゃかむにぶつ》の入滅後五十六億七千万年後にこの世に現れるとされる未来仏であり、現在は、この空の遥か彼方にあるとされる兜率天《とそつてん》で、天人に教えを説いているとされている。このことから弥勒菩薩には、死後天に生まれて弥勒菩薩の説法を受けたいと願う「上生《じょうしょう》信仰」と、五十六億七千万年後に弥勒仏がこの世に現れた時に一緒にこの世界に再び生まれて、弥勒菩薩の説法を聴聞したいとする「下生《げしょう》信仰」が成立した。

弥勒菩薩（大阪・野中寺蔵）

真言宗の開祖、弘法大師空海の種字も「ユ」であるが、これは空海の弥勒菩薩への篤い信仰を表しているとされている。なお「ユ」の意味については諸説あるが、一説には弥勒菩薩の広く衆生を救済するという誓願を表していると考えられている。

● 地蔵菩薩（じぞうぼさつ）

【種字】  （カ）

【真言】**オン・カ・カ・カ・ビサンマエイ・ソワカ**

（オーン、ハ、ハ、ハ、希有《けう》なるものよ、スヴァーハー）

真言の意味は「オーン、ハ、ハ、ハ、希有なるものよ、スヴァーハー」。種字にもなっている「カ（ハ）」は、サンスクリットでは、歓喜《かんぎ》を表す擬音語であるが、『大日経疏』には語義として「行《ぎょう》」を表すと説明されている。

ところで地蔵菩薩は、釈迦牟尼仏の入滅後五十六億七千万年後に弥勒菩薩がこの世界に現れるまでの無仏《むぶつ》の間、我々が六道（地獄・餓鬼・畜生・修羅・人・天）の何処《どこ》に生まれてもそこに現れて、我々を救うことを釈迦牟尼仏より託されている菩薩とされる。

地蔵菩薩（京都・随心院蔵）

このことから、この真言における「行」とは地蔵菩薩による衆生救済の菩薩行を意味すると考えられ、これが三回繰り返されることは、地蔵菩薩の衆生救済が徹底していることを表すのであり、その徹底ぶりを真言において「希有なるものよ」と賛嘆しているのである。

つまりこの真言を唱えることによって、我々は地蔵菩薩の衆生救済という徳を讃えると同時に、その功徳に自分もあやかれることを願うのである。

●虚空蔵菩薩（こくうぞうぼさつ）

【種字】（タラク）

【真言】**オン・バザラ・アラタンノウ・オン・タラク・ソワカ**

（オーン、金剛宝《こんごうほう》尊よ、オーン、トラーハ、スヴァーハー）

種字「タラク」は宝生《ほうしょう》如来と同じ種字で、虚空蔵菩薩と宝生如来は同体とされている。

真言の意味は「オーン、金剛宝尊よ、オーン、トラーハ、スヴァーハー」で、この金剛宝尊とは金剛界曼荼羅《まんだら》において宝生如来を囲む四菩薩の一尊である。このことから、虚空蔵菩薩が密教の灌頂《かんじょう》を受けて金剛宝菩薩になったとも解釈されている。

「虚空蔵」とは、虚空の如き無限の智慧と福徳を表しており、この真言を唱えることによって虚空蔵菩薩の徳を讃えると共に、それらの徳の獲得を願うのである。

ここに挙げた虚空蔵菩薩の真言は、小呪と言われる短いものである。

長い真言は、**「ノウボウ・アキャシャ・ギャラバヤ・オン・アリ・キャマリ・ボリ・ソワカ」**という、〝根本最勝心《こんぽんさいしょうしん》陀羅尼〟と呼ばれるもので、空海が若き頃に四国の室戸岬御厨人窟《みくろど》で修行した「虚空蔵求聞持法《ぐもんじほう》」において唱える真言として有名である。

空海はこの根本最勝心陀羅尼を百日かけて百万回唱えることによって、まさに虚空の蔵の如き記憶力と無限の智慧を得たと伝えられている。

虚空蔵菩薩

●勢至菩薩（せいしぼさつ）

【種字】（サク）

【真言】**オン・サン・ザン・ザン・サク・ソワカ**
（オーン、サン、ジャン、ジャン、サハ、スヴァーハー）

この真言は、サンスクリットの読みでは「オーン、サン、ジャン、ジャン、サハ、スヴァーハー」となり、単なる字音の羅列で意味をなしていない。『大日経疏』に説かれる解釈に由《よ》ると、「ザン・ザン（ジャン・ジャン）」は我々が悟りを開くことを妨げる二つの障害である「煩悩障《ぼんのうしょう》」と「所知《しょち》障」を除去することを表し、真言全体で、二つの障害を離れて大空《だいくう》の境地に安住することを表しているとされる。

尊名である「勢至」とは、「偉大な力を得た者」という意味で、解釈には諸説あるが、一例と

勢至菩薩

して『観無量寿経』には、「智慧の光で全ての世界を照らし出し、地獄・餓鬼・修羅の三悪道に落ちた衆生を救済する無上の力があるから大勢至という」とある。つまり「大」いなる「勢」いある智慧の力で、衆生を悟りへと「至」らしめるから「大勢至」なのである。

つまりこの真言を唱えることによって、悟りへの二つの障害を取り除き、大いなる智慧の力によって我々を悟りの世界へ導いてくれることを願うのである。

諸仏の種字・真言④

——明《みょう》王《おう》

高野山大学非常勤講師
高知・大日寺住職
川《かわ》﨑《さき》一《かず》洋《ひろ》

● 不動明王（ふどうみょうおう）

【種字】

（カンマン）・

（カン）

【真言】

ノウマク・サマンダバザラダン・センダンマカロシャダ・ソワタヤ・ウン・タラタ・カン・マン

（あらゆる金剛尊《こんごうそん》たちに帰依《きえ》いたします。チャンダマハーローシャナよ、破壊せよ。フーン、トラット、ハーン、マーン）

不動明王（胎蔵旧図様）

不動明王は、インドではアチャラナータ（不動尊）あるいはチャンダマハーローシャナ（暴悪な大忿怒者《だいふんぬしゃ》）と呼ばれる。

ヒンドゥー教の主要神であるシヴァの眷属《けんぞく》で、シヴァの供物《くもつ》の余りを食べるとされるチャンデーシャという神に、不動明王の起源を求める意見が提出されている。密教では、如来の使者とされる。

不動明王の真言としては、火界呪《かかいのしゅ》、慈救呪《じくのしゅ》、一字呪《いちじのしゅ》の三種がよく知られてい

るが、頻繁に唱えられるのは、「ノウマク・サマンダバザラダン・センダンマカロシャダ・ソワタヤ・ウン・タラタ・カン・マン」の慈救呪である。この真言には、修行の妨げとなる魔と煩悩の「二障《にしょう》」を滅ぼす効能があるとされる。

種字は、慈救呪の末尾にあるカンとマンの二字を重ねたカンマン、もしくはカンの一字である。カンは業障《ごっしょう》を、マンは我執《がしゅう》を空《くう》となす。

●降三世明王（ごうざんぜみょうおう）

【種字】（ウン）

【真言】**オン・ニソンバ・バザラ・ウン・ハッタ**

（オーン、ニスンバ尊よ、金剛尊よ、フーン、パット）

降三世明王（弘法大師御筆五大尊像）

降三世明王は、『金剛《こんごう》頂経《ちょうきょう》』に、三世《さんぜ》（全宇宙）の支配者たるシヴァを首領とするヒンドゥー教の神々を降伏《ごうぶく》するために金《こん》剛薩埵《ごうさった》が変化《へんげ》した、恐ろしい忿怒尊《ふんぬそん》として説かれている。

その小呪の真言「オン・ニソンバ・バザラ・ウン・ハッタ」に出る「ニソンバ」（ニスンバあるいはニシュンバ）は、デーヴァ族であるヒンドゥー教の神々と敵対したアスラ族に属する神の名とされるが、密教では、その兄弟スンバ（シュンバ）とともに、降三世明王の異名とされるようになった。スンバ（孫婆《そんば》明王）の名は初期密教経典にも見られ、「降三世」あるいは「勝三世《しょうざんぜ》」と訳されるトライローキャヴィジャヤよりも古いと考えられる。

降三世明王の種字ウンは、明王が発する怒りの声である。よって、降三世明王は金剛吽迦羅《こんごううんから》とも呼ばれる。「吽迦羅」は、「フーンの声を発する者」を意味するフーンカーラの音写である。

●軍荼利明王（ぐんだりみょうおう）

【種字】（ウン）

【真言】**オン・アミリテイ・ウン・ハッタ**

（オーン、甘露《かんろ》尊よ、フーン、パット）

軍荼利明王（胎蔵旧図様）

軍荼利明王は、金剛手菩薩《こんごうしゅぼさつ》の眷属尊から発展した明王で、両腕を胸の前で交叉させるのが姿の特徴である。修行者の成就を妨げるヴィグナ（障礙者《しょうげしゃ》）を制圧する力があるとされ、象頭人身の聖天《しょうでん》（インドのガネーシャ神）は本来、そのようなヴィグナたちの頭領であったため、日本の密教寺院では、聖天と軍荼利明王を合祀する伝統がある。

尊名の「軍荼利」は、クンダリンの音写で、蜷局《とぐろ》を巻いた蛇を意味する。そのためこの明王は、手足に装身具としてたくさんの蛇を巻き付けている。

軍荼利明王の真言には、前ページに掲げた甘露軍荼利真言「オン・アミリテイ・ウン・ハッタ」と、金剛軍荼利真言**「オン・キリキリバザラ・ウン・ハッタ」**（オーン、キリキリ金剛尊よ、フーン、パット）の二種がある。

「アミリテイ」（アムリタ、甘露尊）と「キリキリバザラ」（キリキリヴァジュラ、キリキリ金剛尊）はいずれも軍荼利明王の異称であり、「ウン」は忿怒を、「ハッタ」は破壊を表す。ウンを種字とする。

● 大威徳明王（だいいとくみょうおう）

【種字】（シュチリ）（キリク）

【真言】**オン・シュチリ・キャラロハ・ウン・ケン・ソワカ**
（オーン、シュトリーッヒ、黒い姿の者よ、フーン、キャン、スヴァーハー）

大威徳明王は、文殊菩薩《もんじゅぼさつ》の化身《けしん》として知られ、六足尊《ろくそくそん》の異名があるように、六面、六臂《ろっぴ》、六足を具える。

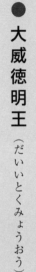

また、冥界の主であるヤマ神（閻魔天《えんまてん》）を調伏《ちょうぶく》する役割を担《にな》うことから、インドではヤマーンタカ（ヤマを制圧する者）と呼ばれ、漢訳仏典では「閻曼徳迦《えんまんとっか》」などと音写されている。この明王が騎乗する水牛は、元来はヤマの乗り物であった。

その真言（心中心呪）は、「オン・シュチリ・キャラロハ・ウン・ケン・ソワカ」である。「キャ

大威徳明王（胎蔵旧図様）

ラロハ」（カーラルーパ、黒い姿の者）は、黒い身体をした大威徳明王を指す。

種字は、真言の中にあるシュチリ、もしくはキリクである。キリクが用いられるのは、この明王の本地《ほんじ》である文殊菩薩が、金剛界曼荼羅《こんごうかいまんだら》において、阿弥陀如来を部主《ぶしゅ》とする蓮華部に属するからである。キリクは、蓮華部のすべての尊格に通用する種字（通種字《つうしゅじ》）である。

●金剛夜叉明王（こんごうやしゃみょうおう）

【種字】

（ウン）

【真言】

オン・バザラヤキシャ・ウン

（オーン、金剛夜叉尊よ、フーン）

金剛夜叉明王（別尊雑記）

金剛夜叉明王は、災厄《さいやく》を喰らい尽くすとされる忿怒尊で、主要な二手に金剛杵《こんごうしょ》と金剛鈴《こんごうれい》を持つことから、金剛薩埵の化身と考えられている。

金剛薩埵は、金剛杵を手にして釈尊を護衛した密迹金剛《みっしゃくこんごう》力士《りきし》を前身とする金剛手菩薩と、普賢菩《ふげんぼ》薩《さつ》が習合した尊格である。密迹金剛力士は、気性の荒いヤクシャ（夜叉《やしゃ》）の一種であり、その遺伝子を受け継いだ金剛薩埵は、時として降三世明王や金剛夜叉明王などの忿怒の身を現して、悪しき者たちを調伏するのである。

また、金剛界曼荼羅の不空成就如来《ふくうじょうじゅにょらい》の四親近《ししんごん》のうちの一尊である金剛牙菩薩《こんごうげ》は、別名を金剛夜叉といい、鋭利な牙で魔を打ち破るので摧一切魔《ざいいっさいま》とも呼ばれ、金剛夜叉明王と同体とされる。金剛夜叉明王の真言（小呪）は、「オン・バザラヤキシャ・ウン」であり、これは、金剛牙菩薩の真言に一致する。

種字は、忿怒を表すウンである。

● 烏枢沙摩明王（うすさまみょうおう）

【種字】 （ウン） （ジャク）

【真言】オン・クロダノウ・ウン・ジャク

（オーン、忿怒尊《ふんぬ》よ、フーン、ジャッハ）

尊名の烏枢沙摩（烏枢瑟摩、烏芻沙摩、烏瑟娑摩などとも表記）は、サンスクリット語の「ウッチュシュマ」の音写で、この言葉は「パチパチとは爆《は》ぜる音を立てて現れる者」を意味し、火神アグニ（火天《かてん》）の別名でもある。

烏枢沙摩明王（胎蔵旧図様）

烏枢沙摩明王は、穢積金剛《えしゃくこんごう》、火頭《かず》金剛、浄身《じょうしん》金剛など多くの呼び名をもち、煩悩や業障《ごっしょう》などの穢《けが》れを焼き尽くし、清める力があるとされ、しばしば「不浄除け」の本尊として厠《かわや》に祀られる。

よく用いられる真言は、小呪の「オン・クロダノウ・ウン・ジャク」で、末尾に「ソワカ」を加えて唱えることもある。

また、『陀羅尼集経《だらにじっきょう》』に説かれる**「オン・シュリ・マリ・ママリ・シュシュリ・マリ・ソワカ」**の真言も流布しているが、インドの俗語、あるいは一種の擬態語であると考えられ、その意味を理解することは困難である。

種字には、ウンもしくはジャクを用いる。ジャクは、魔を捕える鉤召《こうちょう》を表す。

●孔雀明王（くじゃくみょうおう）

【種字】

（マ）（ユ）

【真言】**オン・マユラギランデイ・ソワカ**

（オーン、孔雀に乗る女尊よ、スヴァーハー）

孔雀明王は、「マハーマーユーリー・ヴィディヤーラージュニー」（大いなる孔雀の明呪《みょうしゅ》の女王）という名の陀羅尼《だらに》を神格化した女尊であり、孔雀仏母《くじゃくぶつも》とも呼ばれる。ヴィディヤー（明呪）とは呪文のことをいい、明王とは本来、呪文が発揮する絶大なパワーを司る存在である。そのため明王は、エネルギー溢れる忿怒の姿を呈するのが一般的であるが、孔雀明王は女尊であるため、柔

孔雀明王（四家鈔図像）

和な相で表現される。

孔雀明王の真言としては、「オン・マユラギランデイ・ソワカ」がよく知られている。種字は、孔雀を意味する「マーユーリー」から取った、マまたはユである。

勇猛な鳥である孔雀は、蛇をついばんで食べるため、孔雀明王の陀羅尼や真言を唱えると、毒蛇に咬まれた際の解毒、あるいは毒蛇の害から免れる効果があるとされるが、日本の密教ではもっぱら、除災や安産、請雨《しょうう》を祈る修法《しゅほう》の本尊としてこの明王が信仰されている。

●愛染明王（あいぜんみょうおう）

【種字】（ウン） （ウン）

【真言】オン・マカラギャ・バゾロシュニシャ・バザラサトバ・ジャク・ウン・バン・コク

（オーン、大貪欲《だいとんよく》尊よ、仏頂《ぶっちょう》尊よ、金剛薩埵よ、ジャッハ、フーン、ヴァン、ホーッホ）

愛染明王（諸尊図像）

「煩悩即菩提《ぼんのうそくぼだい》」の精神を象徴する尊格として知られる愛染明王。その真言（根本呪）は、「オン・マカラギャ・バゾロシュニシャ・バザラサトバ・ジャク・ウン・バン・コク」である。種字には、ウンもしくはその重字が用いられる。

愛染明王は、中国で成立した『瑜祇経《ゆぎきょう》』にのみ説かれるが、その前身である、金剛杵と金剛鈴、弓と矢を持つ四《し》臂《ひ》の金剛薩埵が、チベット語訳の『降三世細軌《ごうざんぜさいき》』や、不空《ふくう》三蔵《さんぞう》訳の『金剛王儀軌《こんごうおうぎき》』に説かれている。愛染明王の異名である吒枳《たき》（タッキ）は本来、この四臂金剛薩埵を指す。
真言の末尾にある「ジャク・ウン・バン・コク」は、金剛界曼荼羅の四門に配置される四摂《ししょう》菩薩《ぼさつ》の種字であり、衆生を悟りの世界へ招き、引き入れ、縛り、歓喜するプロセスを象徴している。

●大元帥明王（だいげんすいみょうおう）

【種字】（ア）（バン）

【真言】ノウボウ・タリ・タボリ・バラボリ・シャキンメイ・シャキンメイ・タラサンタン・オエンビ・ソワカ
（訳出不可能）

大元帥明王（太元《たいげん》明王）は、その梵号《ぼんごう》をアータヴァカという。アータヴァカは、インドの森林に住んでいた土着の種族の名称でもあり、ヤクシャ（夜叉）の名前でもあるので、「曠野鬼神《こうやきじん》」と漢訳されることがある。『根本説一切有部毘奈耶《こんぽんせついっさいうぶびなや》』には、不遇の死を遂げた一人の将軍がアータヴァカというヤクシャに生まれ変わり、次々に人間の生贄《いけにえ》を求めたが、釈尊の教化を受けて仏教に帰依したという話が語られる。

漢訳の密教経典においては、「阿吒薄拘鬼神大将《あたばくきじんだいしょう》」や「阿吒薄倶元帥大将《あたばくげんすいだいしょう》」の名で登場し、その呪を国王や大臣が唱えれば、国難が消滅すると説かれる。

大元帥明王（四家鈔図像）

大元帥明王の真言「ノウボウ・タリ・タボリ・バラボリ・シャキンメイ・シャキンメイ・タラサンタン・オエンビ・ソワカ」は、ほとんどがサンスクリット語ではない俗語で綴られており、その正確な意味を把握することは難しい。

種字は、アもしくはバン。

諸仏の種字・真言⑤
―天《てん》

種智院大学特任教授、博士（密教学）
真言宗智山派最勝寺住職
北尾《きたお》 隆心《りゅうしん》

● 帝釈天（たいしゃくてん）

【種字】

（イー）

（シャ）

【真言】

ノウマク・サンマンダ・ボダナン・インダラヤ・ソワカ

（あまねく諸仏《しょぶつ》に帰命《きみょう》したてまつり、帝釈天に帰命したてまつる。スヴァーハー）

帝釈天

帝釈天は元々、バラモン教の神「インドラ」であり、東方の守護神とされ、仏教では十二天《じゅうにてん》、並びに八方天《はっぽうてん》の一尊とされる。象にまたがり、手に「ヴァジュラ」という武器を持っているのが特徴である。このヴァジュラは密教で重要な法具とされる「金剛杵《こんごうしょ》」のことである。

帝釈天の種字は「インドラ」の頭文字「イ」であるが、古くより長母音を付けて「イー」とする。また、帝釈天は雷をもって悪魔を撃破する神として知られ、そのことにより力の強い神を指す「シャクラ」という別号が付いた。この「シャクラ」の一字目の「シャ」も帝釈天の種字として使用される。

●弁財天（べんざいてん）

【種字】（ソ・ス）（サ）

【真言】**オン・ソラソバテイエイ・ソワカ**

（オーン、弁財〈才〉天に帰命したてまつる。スヴァーハー）

弁財天は後世の俗字で、本来は「弁才天」であり、一般的に「弁天《べんてん》」と略して呼ばれることが多い。弁舌《べんぜつ》に才能がある神であるのでこの名前がある。

また、音楽に秀《ひい》でた神でもあり、左手に琵琶《びわ》を持ち、「妙音楽天《みょうおんがくてん》」とも称せられる（ただし日本

弁財天（琵琶を持つ姿）

では、腕が八本あり、さらに頭頂に宇賀神《うがじん》を載せている「宇賀弁財天」と呼ばれる姿で祀《まつ》られることが多く、その場合は琵琶を持たない）。

七福《しちふく》神《じん》の一人とされ、日本においては、竹生島《ちくぶじま》、江ノ島《えのしま》、宮島《みやじま》の弁財天を「三弁天」とする。

種字は弁財天の梵名《ぼんみょう》（サンスクリット原語名）「サラスヴァティー」の頭文字「サ」とされるが、一般的に「美妙《みみょう》」の義《ぎ》を指す「su」が使用されることが多い。読みは「ソ」または「ス」である。

宇賀弁財天

●摩利支天（まりしてん）

【種字】（マ）

【真言】**ノウマク・サンマンダ・ボダナン・オン・マリシエイ・ソワカ**

（あまねく諸仏に帰命したてまつる。オーン、摩利支天に帰命したてまつる。スヴァーハー）

摩利支天は陽炎《かげろう》を神格化した神で、「威光菩薩《いこうぼさつ》」とも呼ばれる。元々はインドの民間で信仰されてきた神であったといわれる。

摩利支天は陽炎のように予測不能で神秘的な力の持ち主で、特に隠形《おんぎょう》（身を隠す）の力にすぐれ、その力で災いを遠のけることができるとされた。

帝釈天と阿修羅《あしゅら》が戦ったときには、阿修羅が日月《にちがつ》（太陽と月）を得ようとするのに対して摩利支天は日月の前に立ち、阿修羅を迷わして日月を守った、とされる。

日本においては、戦国時代に武人の守護神として信仰され、また、隠形の力により忍者の守護神ともされた。

種字は摩利支天の梵名「マリーチー」の一字目の「マ」である。

摩利支天

● 大黒天（だいこくてん）

【種字】（マ）

【真言】**オン・マカキャラヤ・ソワカ**

（オーン、大黒天に帰依したてまつる。スヴァーハー）

大黒天はインドでは、「マハーカーラ」といい、このカーラには黒、また、時間という意味があり、身体の色が青黒いとされ、そこより「大黒」と名づけられたとされる。また、時間の意味からは過去・現在・未来の三世《さんぜ》を超越した神ともされる。

大黒天は、戦闘の神・財福の神・死後の世界（冥府）を司《つかさど》る神という、三種の徳性を有した神とされるが、中国においては財福の神というイメージが中心となり、日本においても同様である。

密教の修法《しゅほう》では、大黒天は身体が黒色で、烏帽子《えぼし》、狩衣《かりぎぬ》を着て、左手に大きな袋を持つ神とさ

大黒天（奈良・松尾寺蔵）

れている。

日本で一般に知られる、右手に槌《つち》を持ち、左手に袋をおい、米《こめ》俵《だわら》の上に立つ姿は経典等には説かれておらず、日本において神道《しんとう》の大国主命《おおくにぬしのみこと》の「大国」と「大黒」の音《おん》が同一視された結果、生じたものと思われる。

種字の「マ」は「マハーカーラ」の「マ」である。

●毘沙門天（びしゃもんてん）

【種字】（ベイ・バイ）

【真言】**ノウマク・サンマンダ・ボダナン・ベイシラマンダヤ・ソワカ**

（あまねく諸仏に帰命したてまつり、毘沙門天に帰命したてまつる。スヴァーハー）

毘沙門天は北方を守護する神として有名であり、四天王《してんのう》の一尊「多聞天《たもんてん》」と同一である。また、十二天の一尊、七福神の一尊ともされる。

毘沙門天には妻子があり、吉祥天《きちじょうてん》が妻とされている。

毘沙門天は戦《いくさ》の神として聖徳太子《しょうとくたいし》や上杉謙信《うえすぎけんしん》等が崇拝した。

種字は毘沙門天の梵名「ヴァイシュラヴァナ」の最初の一字「ヴァイ」（vai）より生じたとされている。

毘沙門天

また、多聞天というところより言説《ごんぜつ》（va）に自在（ī）を加えて「言説が自在である」という意味から種字が生じたという説もある。

　読み方については真言宗の流派によって相違が見られ、「べイ」または「バイ」と読む。

●聖天（しょうでん）

【種字】（ギャク）　（ギャクギャク）

【真言】**オン・キリク・ギャク・ウン・ソワカ**
（オーン、フリーヒ、ガハ、フーン、スヴァーハー）

聖天の梵名は「ガナパティ」とされ、大自在天《だいじざいてん》（シヴァ神）の軍を統括する大将という意味である。

聖天はインドの神として古くより信仰されており、シヴァ神とその妻パールヴァティーとの間に生まれた子、ガネーシャとされる。

聖天の別名は「歓喜天《かんぎてん》」といい、「人身象頭」とあるように人の身体に頭が象とされている。また、聖天には単身《たんじん》の聖天と双身《そうじん》の聖天がある。

双身の聖天は男天《なんてん》と女天《にょてん》の夫婦が抱き合った形となっている。

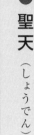

インドのガネーシャ神。仏教の聖天のルーツである。

種字は、梵名「ガナパティ」の一字目の「ガ」に涅槃点《ねはんてん》「：」(ḥ)を付けたもので、日本ではそれを「ギャク」と読んでいる。なお、双身の聖天が一般的であるため、ギャクを二字並べた「ギャクギャク」も種字とする。

また、真言は、一般的に「心呪《しんじゅ》」と「心《しん》中心呪《ちゅうしんじゅ》」とがよく使用されている。

「心呪」とは、前ページに掲げた「オン・キリク・ギャク・ウン・ソワカ」で、聖天の種字に基づいて作られており、聖天を双身と捉《とら》えて、女天の種字を「キリク」とし、男天の種字を「ギャク」とする。女天の種字を「キリク」とするのは十一面観音《じゅういちめんかんのん》の化身とされているからである。

「心中心呪」とは、**「オン・ギャクギャク・ウン・ソワカ」**（オーン、ガハ、ガハ、フーン、スヴァーハー）というもので、これも同様に聖天の種字に基づいて作られているが、聖天を双身と捉えているものの男女の区別をせずに「ギャク」を種字としてこの字を重ねた形となっている。

身近にある梵字

真言宗僧侶
善龍庵主
大森《おおもり》 義成《ぎじょう》

梵字と言えば、密教系の寺院に参詣しなければ拝見することができない特殊な文字という印象があるが、よく注意してみると、私たちの身近にも梵字を発見することができる。その多くはお守《まも》りやお札《ふだ》という宗教に関与したものに見られる。

しかし、近年ではTシャツやペンダント、ライターのようなアクセサリーや、時にはタトゥーなどに、宗教的な形としてではなく、デザインの一種として使用される例も多い。

元来は神聖な文字として扱われてきたので、その善し悪しは別にしても、より梵字が身近になったのは事実である。とは言え、圧倒的に多いのは従来の形であろう。身近な梵字は、災《わざわ》いを除き利益《りやく》を授かる「祈願《きがん》」と、先祖供養などの「滅罪《めつざい》」という、二つの場面において見ることができる。

そこで本稿では、「祈願編」と「滅罪編」の二つに分けて、身近な梵字を紹介してみたいと思う。

◇祈願編 ――お守り・お札の梵字

梵字を身につける典拠としては、不空《ふくう》訳『大随求陀羅尼経《だいずいぐだらにきょう》』に「もし人あって此《こ》の陀羅尼を帯《たい》せば、一切如来《いっさいにょらい》の加持《かじ》したまう所なり」とあり、その功徳《くどく》であらゆる災難や疾病《しっぺい》を除き諸天の加護を被《こうむ》るなど、様々な利益が説かれている。

また『阿吒婆拘《あたばく》鬼神大将《きじんたいしょう》上仏《じょうぶつ》陀羅尼経』には「（梵字の真言・陀羅尼を）好紙《こうし》を以《も》って書写《しょしゃ》し、盛《も》るに綵嚢《さいのう》を以ってし、種々の香を着け、常に持して身に随《したが》うべし」と、お守り作成の方法が概説されている。

このように、お守りやお札には、私たちを様々な災難から守護し、ご利益を授ける働きがある。それゆえ、身につけたり、部屋に祭祀《さいし》するのである。そのように、お守りやお札は、私たちにとって最も身近な宗教的存在であると言える。

お守りやお札には、その働きに応じて、その功徳を具《そな》えている仏の種字《しゅじ》（仏を一字で表わす梵字。「種子《しゅじ》」「種子字《しゅじじ》」とも言う）や真言が記入されている。

様々な種類があるが、ここでは「如来《にょらい》」「菩薩《ぼさつ》」「明王《みょうおう》」「天《てん》」の順番で、代表的なものと、その他のお札を紹介しよう。

▼如来

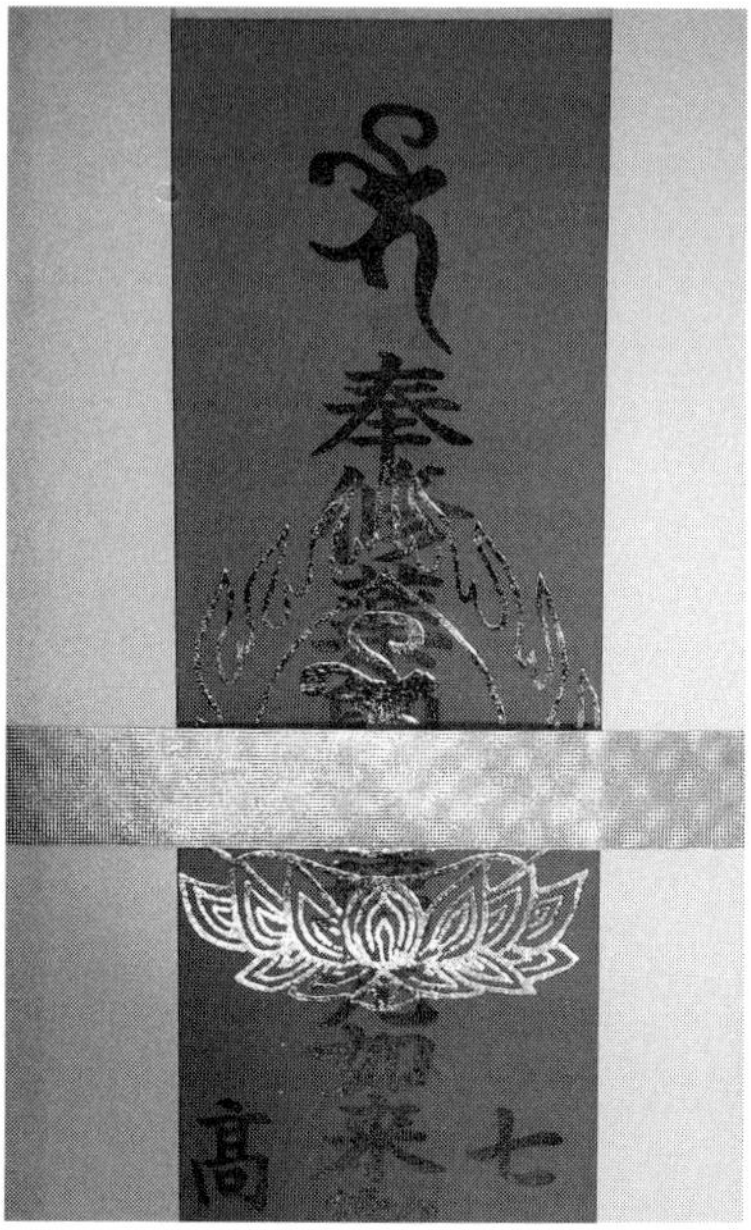

【写真1】バイ字を記した祈祷札（高代寺）

【写真1】は、大阪府豊能郡豊能町の真言宗御室《おむろ》派高代寺《こうだいじ》で授与している同寺の本尊・薬師《やくし》如来の祈祷札《きとうふだ》である。薬師如来の種字「《バイ》」が記されている。薬師如来には病気平癒の功徳がある。薬師如来を本尊とする寺院や御堂のお札やお守りには、大抵このバイ字が書かれている。逆にお札の梵字を見れば、そのお寺の本尊がわかるのである。

【写真2】は、奈良県平群《へぐり》町の真言宗御室派大日寺《だいにちじ》の本尊・大日如来の種字「𑖀《ア》」を記したお札である。

【写真3】は、西国札所《さいこくふだしょ》二十二番で大阪府茨木市にある高野山真言宗総持寺《そうじじ》で授けている干支《えと》のお守りの中から、未歳《ひつじどし》の守護本尊である大日如来（金剛界《こんごうかい》）の種字「𑖪𑖽《バン》」である。真言「オン・バザラダト・バン」の最後の部分にあたる。携帯電話など、硬質のものに転写できる加工がなされている。このように現代に相応したお守りもある。

【写真2】ア字を記したお札（大日寺）

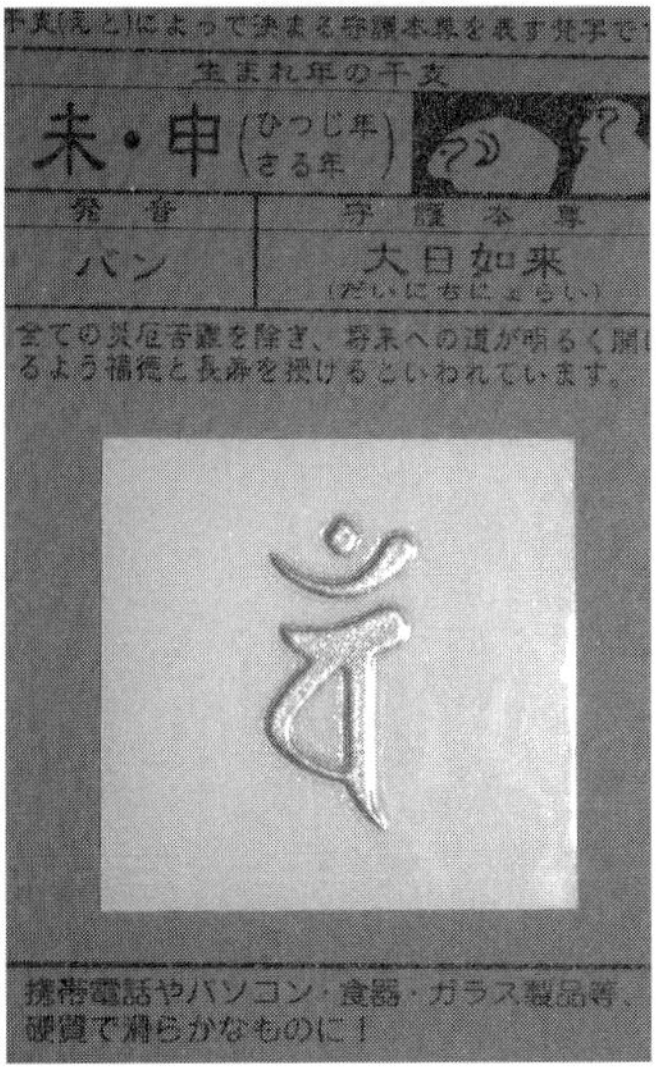

【写真3】バン字のお守り（総持寺）

▼菩薩

【写真4】は、愛知県新城市作手清岳中ノ坊の真言宗御室派善福寺《ぜんぷくじ》の十一面観音《じゅういちめんかんのん》のお札で、上部に種字「《キャ》」が記されている。真言「オン・マカキャロニキャ・ソワカ」に由来する種字である。

【写真5】は、前出・総持寺で授けている諸願成就《しょがんじょうじゅ》のお守りである。本尊・千手観音の真言「オン・バザラタラマ・キリク」の最後に置かれる、千手観音の種字「《キリク》」が金箔《きんぱく》シールでつくられている。昔はお札やお守りは版木で刷《す》るものが多かったが、現在では印刷技術等の向上で様々

【写真4】　キャ字を記したお札（善福寺）

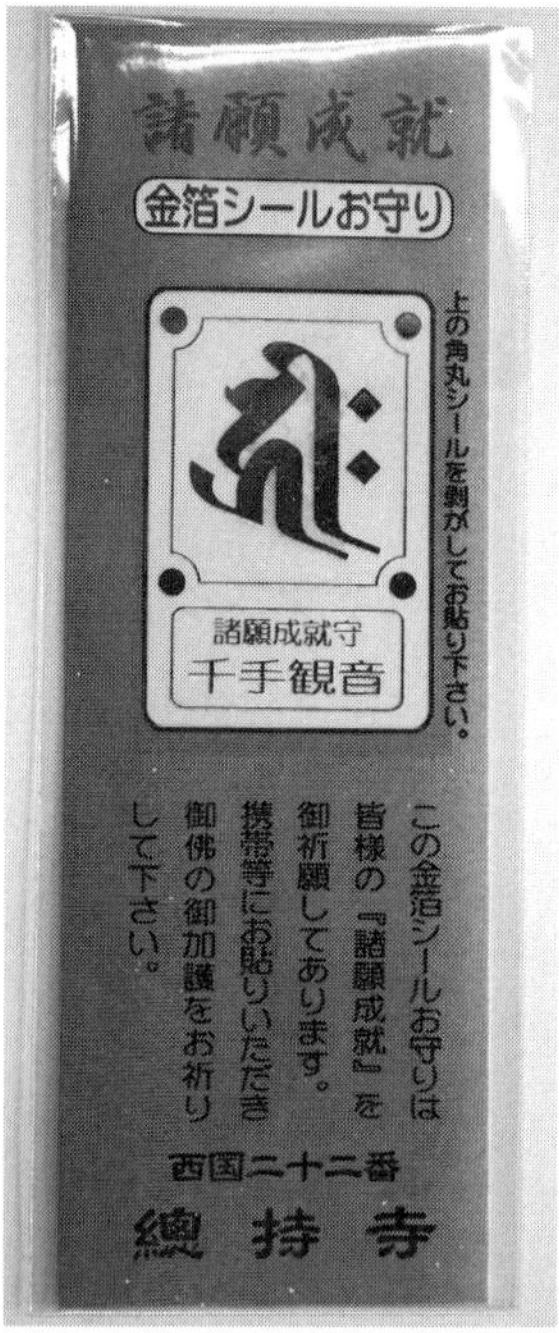

【写真5】　キリク字のシール（総持寺）

な種類のものがつくられ、広がりを見せている。

【写真6】は、愛知県知多郡美浜町の真言宗野間《のま》大坊《だいぼう》大御堂寺《おおみどうじ》の延命地蔵《えんめいじぞう》の護摩札《ごまふだ》である。真言「オン・カカカ・ビサンマエイ・ソワカ」に由来する地蔵菩薩の種字「𑖎《カ》」が書かれている。

【写真6】　カ字を記した護摩札（大御堂寺）

▼明王

【写真7】と【写真8】と【写真9】は、不動《ふどう》明王の種字「𑖮𑖯𑖽𑖦𑖯𑖽《カンマン》」を記した、護摩札などの

【写真7】　カンマン字（刷毛書）のお札（聖護院）

【写真8】　カンマン字（毛筆書）のお札（大覚寺）

例である。

【写真7】は、京都市の本山《ほんざん》修験《しゅげん》宗《しゅう》総本山聖《しょう》護《ご》院門跡《いんもんぜき》で授与している護摩札で、刷毛《はけ》書きのカンマン字である（※梵字には、刷毛書きと毛筆書きの、二種類の書体がある）。一方、【写真8】は、毛筆書きによるカンマン字で、群馬県高崎市の真言宗智山《ちさん》派大覚寺《だいかくじ》の護摩札に書かれているものである。

【写真9】波切不動のお札（大御堂寺）

変わったところでは、カンマン字をそのまま不動明王のお体として尊像を描く例が見られ、「波切《なみきり》不動」の御影《みえい》と言われる。この形式のお札は、各地に伝承されている。【写真9】は、前出・野間大坊大御堂寺の波切不動のお札である。

▼天

【写真10】は、奈良県生駒郡の信貴山《しぎさん》真言宗総本山 朝護孫子寺《ちょうごそんしじ》で授けるお札である。本尊・毘沙門《びしゃもん》天の種字「《ベイ》」がお札の上部に記されている。

【写真11】は、京都の高野山真言宗西陣《にしじん》 聖天《しょうでん》雨《う》宝院《ほういん》のお札で、歓喜《かんぎ》天（聖天）の種字「《ギャクギャク》」

【写真10】 ベイ字を記したお札（朝護孫子寺）

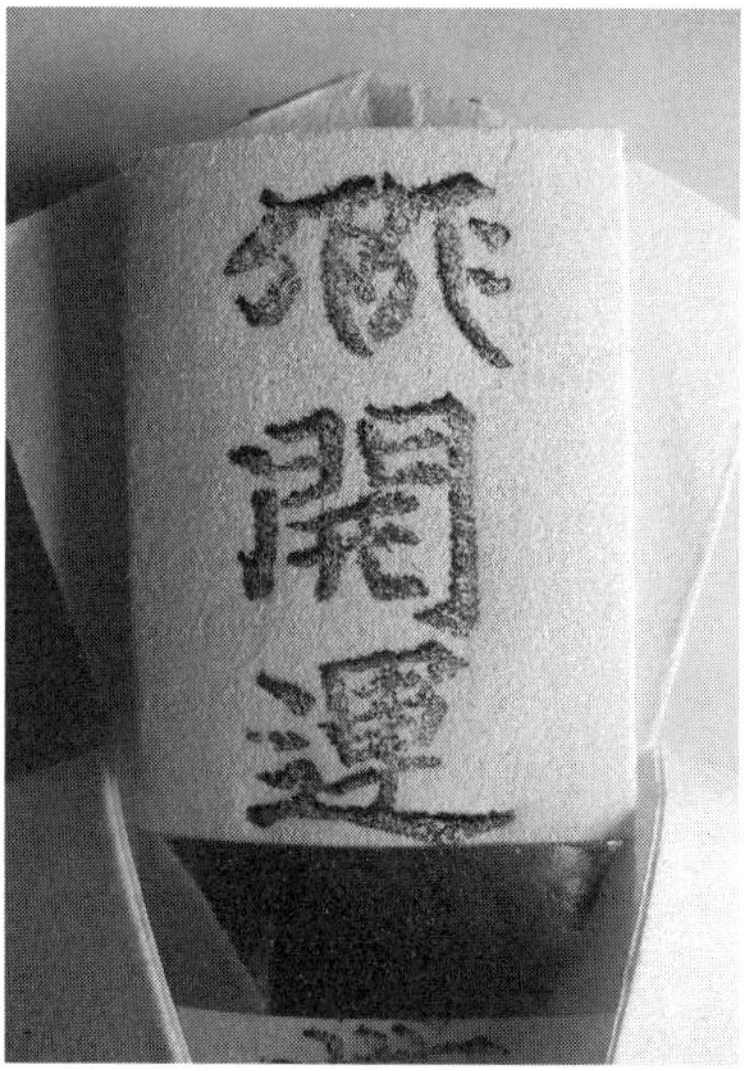

【写真11】 ギャクギャク字が書かれたお札（雨宝院）

が記されている。このお札は、歓喜天の紋である巾《きん》着《ちゃく》と御幣《ごへい》が組み合わさった開運守護のものである。

▼その他

【写真12】は、神奈川県鎌倉市の天台寺門《じもん》宗金翅《こんじ》鳥院《ちょういん》で授与している、疫病《えきびょう》よけのお札である。『却《きゃく》温黄神呪経《うんのうじんじゅきょう》』に説かれる疫病をもたらす七鬼神《しちきじん》の名が、梵字で記されている。昔はよくこのお札が一般家庭の戸口で見られたが、現在では少なくなり、貴重なものである。

次ページに掲載した【写真13】は、和歌山県高野《こうや》山奥《さんおく》の院《いん》のお札で、中心に胎蔵《たいぞう》大日如来の真言「𑖀《ア》𑖪𑖰《ビ》𑖨《ラ》𑖮𑖳𑖽《ウン》𑖏𑖸𑖽《ケン》」、その周囲には光明《こうみょう》真言が記され、「光明曼荼羅《まんだら》」が表わされている。

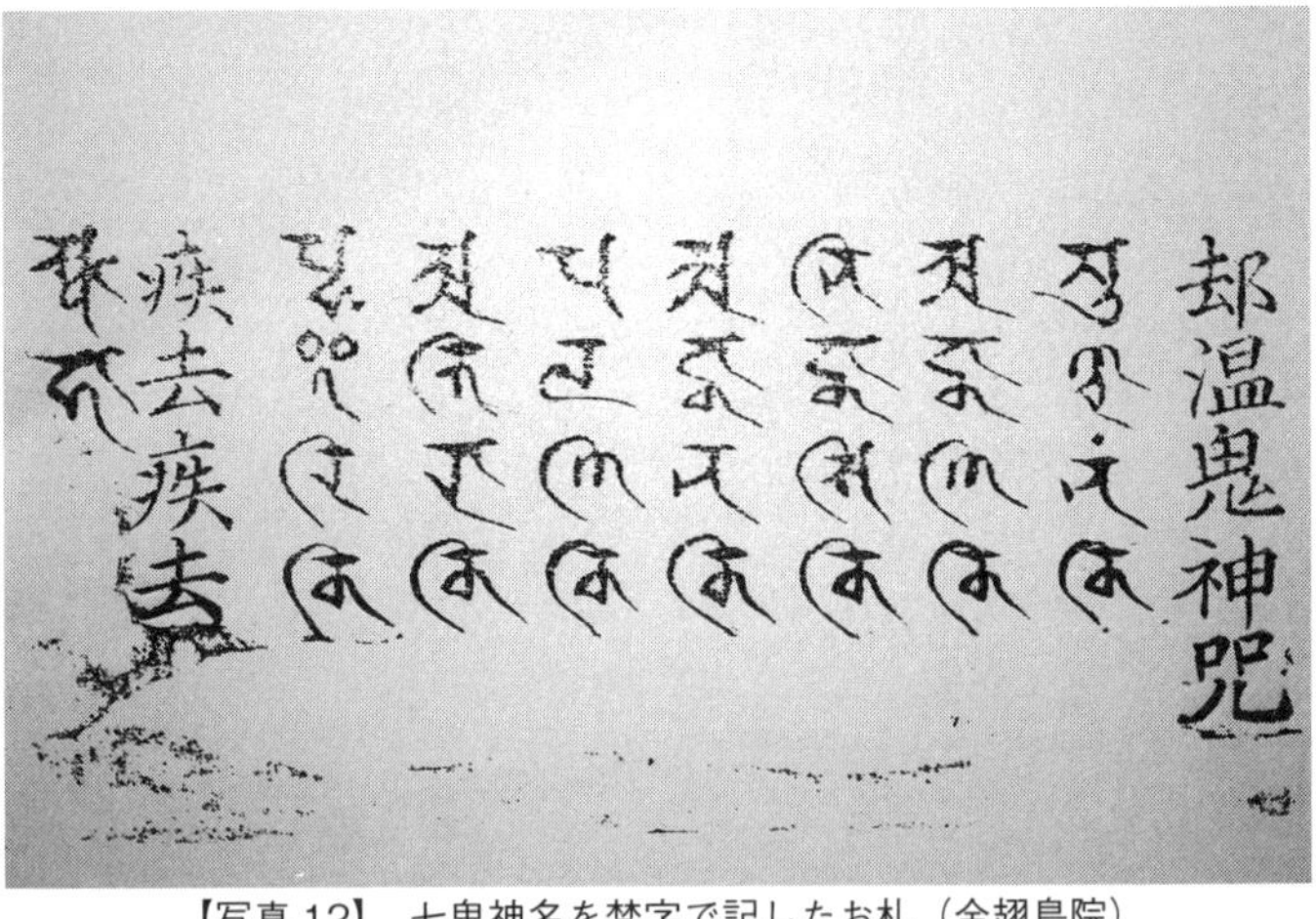

【写真12】　七鬼神名を梵字で記したお札（金翅鳥院）

【写真13】光明曼荼羅のお札（高野山奥の院）

滅罪編――仏壇・塔婆《とうば》にみる梵字

▼仏壇（位牌《いはい》・本尊）

各ご家庭の仏壇の中を拝すると、やはり梵字を見かけることがある。

まず、仏壇でいちばん目立つのは、位牌である。【写真14】のように、戒《かい》名《みょう》の上に「𑖀《ア》」（阿字《あじ》）が書かれていることがある。その多くは真言宗か天台宗の位牌である。故人が「阿字本不生《ほんぶしょう》位」（大日如来の世界）にあることを意味している。

幼児などの位牌には、地蔵菩薩の種字「𑖎《カ》」が書かれている。地蔵菩薩は幼児の引導仏として信仰されているので、その加護を願い記入するのである。

阿弥陀《あみだ》如来の種字「𑖮𑖿𑖨𑖱𑖾《キリク》」が書いてある場合、多くは、同仏を本尊にする浄土宗の位牌である。故人が阿弥陀如来の浄土に摂取《せっしゅ》されていることを表わすと推察される。天台宗では「𑖀《ア》」と「𑖮𑖿𑖨𑖱𑖾《キリク》」、ともに用いられることがある。

【写真14】　真言宗の位牌のア字

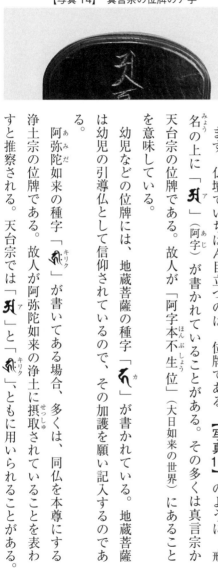

【写真15】　日蓮宗の大曼荼羅本尊

密教と浄土教を兼ねているためである。

また、【写真15】のように、日蓮宗系の仏壇にお祀りされるご本尊「お曼荼羅」（大曼荼羅本尊）も、注意してみると、梵字を発見することができる。お曼荼羅に向かって右側に書かれているのが不動明王を表わす「𑖮𑖯𑖽《カン》」、左側に書かれているのが愛染明王を表わす「𑖮𑖳𑖽《ウン》」であると言われている。

▼卒塔婆《そとば》（塔婆）

墓地や寺院では、個人の追善《ついぜん》供養のために卒塔婆（一般に「塔婆」と略称する）が建立《こんりゅう》されている。多くは五輪《ごりん》塔の形に相応する五大（地《ち》・水《すい》・火《か》・風《ふう》・空《くう》）の梵字「𑖏《キャ》 𑖮《カ》 𑖨《ラ》 𑖪《バ》 𑖀《ア》」が上から記され、その下には年忌《ねんき》などの目的ごとに応じた本尊の種字が書かれている。

【写真16】塔婆（表）

【写真17】塔婆（裏）

【写真16】は、一般的な塔婆の形（表側）である。「《キャカラバア》」が記され、また、その下には「年回《ねんかい》種字」として金剛界大日如来の種字「《バン》」が記されている。金剛界大日如来は十三回忌の本尊なので、その種字が記されたこの塔婆は十三回忌のために建てられたものだということが、わかるわけである。なお、バン字の下には、胎蔵大日如来の真言「オン・アビラウンケン」も記されている。

【写真17】は、【写真16】の塔婆の裏側である。「《バン》」を縦に長く伸ばしたもの（）が記され、また、その下には「ハラ・ドボウ」「オン・ボッケン」などの滅罪の功徳がある真言も記されている。

【写真18】は、今では珍しい「梢《うれ》付き塔婆」の一種で、畜類を供養するための二股《ふたまた》塔婆である。二股の木の枝を採《と》ってきて、文字が書けるように削るのだが、木の梢《こずえ》を残したままにする。（この写真では少しわかりにくいかも知れないが）両方の枝に「𑖏《キャ》𑖮《カ》𑖨《ラ》𑖪《バ》𑖀《ア》」を書き、さらにその下にそれぞれ「如是畜生《にょぜちくしょう》」「発《ほっ》菩提心《ぼだいしん》」と記して、畜類の供養の趣旨《しゅし》を表明している。

【写真18】 畜類供養のための梢付き塔婆

——以上、私たちの周りの身近な梵字を紹介した。梵字そのものが仏様なので、身近な梵字は、即《すなわ》ち身近な仏様である。

梵字を見るたびに、常に親しみをもって拝していただければ、仏様をより身近に感じることができるはずである。

石《せき》仏《ぶつ》・石《せき》塔《とう》の梵字

日本石仏協会名誉会長
坂《さか》口《ぐち》 和《かず》子《こ》

〝路傍《ろぼう》の文化財〟として近年愛好者が増えている「石仏」や「石塔」（神仏の名前などの文字が彫られている「文字塔」や「五輪《ごりん》塔」など）は、日本国中、津々浦々《つつうらうら》で出会うことのできる、身近な神仏である。

路傍の石仏あるいは露座《ろざ》の石塔に刻《こく》されている銘文《めいぶん》を読むだけでも石仏探訪《たんぼう》の楽しさは充分あると思われるが、そのなかで一つだけ一般人には理解が及ばないのが、「梵字《ぼんじ》」（種字《しゅじ》）に関することである。多くの方が、「梵字」と認識するだけで素通りしてしまうきらいが見受けられる。

たしかに一見して読むのも書くのも難しい梵字であるが、しかし見馴《みな》れてくると、より深い豊かな信仰の背景が浮かび上がってくるのではないだろうか。

梵字は〝密教の真理を表わす神秘の文字〟といわれるものであるから、深奥な字義《じぎ》の解釈を安易に行うことはできない。本稿では、現存する石仏・石塔の事例を示しながら、〝梵字＝種字（仏を文字で表わしたもの。種子《しゅじ》、種子字《しゅじじ》ともいう）〟に親しんでいただくことを主眼とした。

なお、石仏の種字について、知っておいていただきたいことがある。次の二点である。

(1) 各仏尊の種字は一つだけとは限らず、複数の種字をもつ場合がある。また、一つの種字が複数の仏尊のものとなっていることも多い。

(2)「通《つう》種字」といって、カテゴリーが同じ仏尊ならば共通に使ってよいものがある。たとえば、𑖀《ア》はすべての如来《にょらい》の通種字、𑖭《サ》はすべての観音《かんのん》の通種字、𑖮𑖳𑖽《ウン》はすべての明王《みょうおう》の通種字……というように。

――では、石仏・石塔に刻された梵字の具体的な事例を、見ていくことにしよう。

◇路傍の石仏――主に庶民信仰による石仏

▼地蔵菩薩《じぞうぼさつ》

路傍の石仏で、どこの地域でも主流をなすのはお地蔵さんである。一見して円頭《えんとう》・僧形《そうぎょう》の丸彫《まるぼ》り像が多いので、種字付きは少ないが、浮彫《うきぼ》りや線彫《せんぼ》りで刻されているものがある。

【写真1】は、線彫りされたものを採拓《さいたく》したものだが、上部に地蔵菩薩の種字𑖎《カ》がある。

【写真2】は、「千体地蔵尊供養《くよう》塔」の文字塔で、やはり上部に𑖎《カ》字がある。

【写真1】　線彫りの地蔵菩薩（採拓）

【写真3】　千体地蔵尊供養塔

なお、墓地の入り口などに並ぶ「六地蔵」には、𑖎《カ》ではなく、𑖂・𑖂・𑖂・𑖂（いずれもイーと読む）などを種字とするものもある。

▼観音《かんのん》菩薩

地蔵菩薩の次に多い石仏は、観音菩薩である。道端《みちばた》の小さなお堂に、丸彫り像で造られることが多い。

観音菩薩には、「六観音」など、たくさんのお姿（変化身《へんげしん》）がある。すべての観音の基本のお姿である聖《しょう》観音の種字は𑖭《サ》だが、たくさんの手をもつ千手《せんじゅ》観音は𑖮𑖿𑖨𑖱𑖾《キリク》、頭上に十一のお顔がある十一面《じゅういちめん》観音は𑖎《キャ》、頬《ほほ》に手をあてる如意《にょい》輪《りん》観音は𑖮𑖿𑖨𑖱𑖾《キリク》（【写真3】）というように、変化したお姿ごとに種字がある。

なお、【写真4】の如意輪観音には𑖭《サ》が刻されているが、前述した通り𑖭《サ》はすべての観音の通種字なので、間違いではない。

【写真3】如意輪観音

【写真5】は、馬頭《ばとう》観音の別名「馬頭明王《みょうおう》」の文字塔で、種字として《ウン》が刻されている。馬頭観音の種字は一般的には《カン》とされるが、忿《ふん》怒《ぬ》の仏である馬頭観音は明王の一種として〝馬頭明王〟とも呼ばれるため、ここでは明王の通種字・《ウン》が刻されているのである。

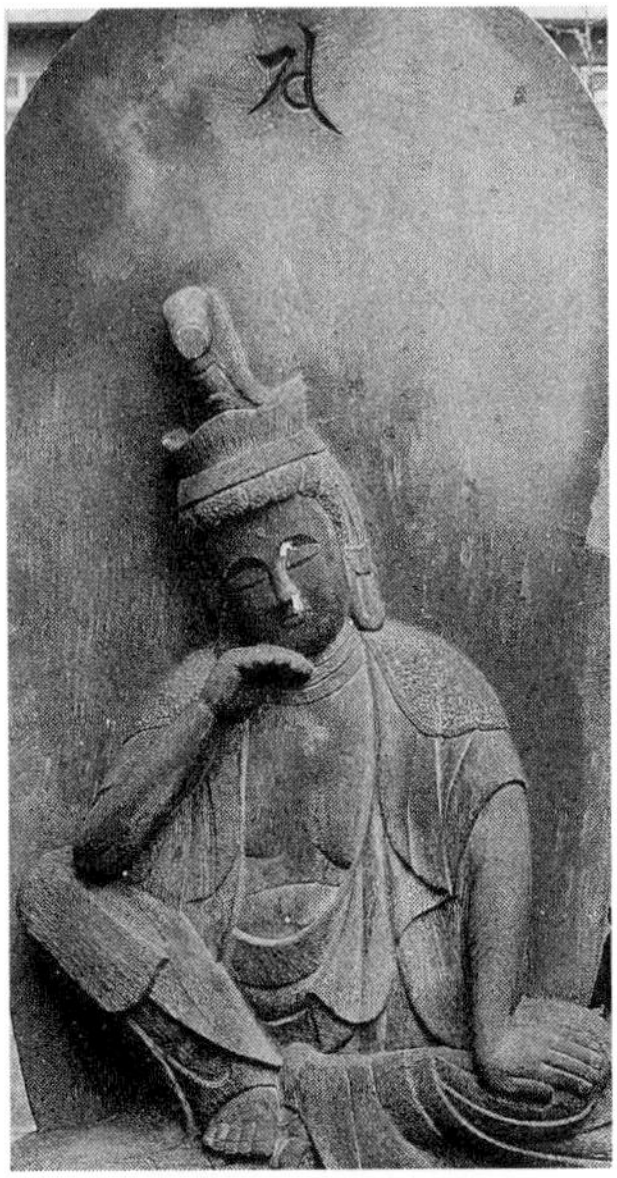

【写真 4】　如意輪観音

【写真 5】　馬頭明王・文字塔

【写真6】　庚申塔（中央は青面金剛）

▼庚申《こうしん》塔

地蔵・観音と並んで多いのが庚申塔である。忿怒相の青面金剛《しょうめんこんごう》が主尊で、江戸中期以降の造《ぞう》塔《とう》では𑖮𑖳𑖽《ウン》が種字として使われるようになった（【写真6】）。「庚申塔」「庚申供養塔」「庚申待《まち》」などの文字が彫られた文字塔でも、上部に𑖮𑖳𑖽《ウン》が刻されている。

▼不動《ふどう》明王

【写真7】　不動明王

怨敵降伏《おんてきごうぶく》の力をもつ不動明王の石仏や石塔は各地に造立《ぞうりゅう》されているが、特に滝壺《たきつぼ》や修《しゅ》験道《げんどう》の道場であったところに祀《まつ》られている。

不動明王の種字は一般的には𑖮𑖯𑖽《カン》か𑖮𑖯𑖽𑖦𑖯𑖽《カンマン》とされるが、【写真7】の石仏には𑖀《ア》が刻されている。これは、不動明王は大日《だいにち》如来の化身と考えられているため、大日如来の種字𑖀《ア》が刻されたようである。

▼弁才天《べんざいてん》（または宇賀神《うがじん》）

弁才天は、農業神としての性格から、多く水辺《みずべ》に祀られる。また、水を司《つかさど》る人頭蛇身《じんとうじゃしん》の神・宇賀神と習合《しゅうごう》している。一面八臂《び》で、頭上に鳥居《とりい》と宇賀神を載せるお姿で表わされる。

弁才天の種字は、一般的には𑖭《ソ》であるが、宇賀神の種字として𑖄《ウ》が刻されることもある。

【写真8】の弁才天の石仏は、上部に𑖭《ソ》がある。

【写真9】は、宇賀神の種字𑖄《ウ》を大きく刻した石碑《せきひ》である。

【写真8】　弁才天

【写真9】　宇賀神種字の石碑

◇寺院境内や墓地などの石仏・石塔・石碑

▼墓標《ぼひょう》石仏

墓石には阿弥陀《あみだ》如来・聖観音・如意輪観音・地蔵菩薩などの仏尊が浮彫りされているものがあり、種字もよく刻されている。これらを「墓標石仏」と呼んでいる。

【写真10】 阿弥陀如来の墓標石仏

【写真10】は阿弥陀如来で、種字《キリク》が刻されている。阿弥陀如来は手を引接印《いんじょういん》のかたちにし、立像《りゅうぞう》で表わされているが、これは死者の救済にあたられる仏だからである。このお姿の阿弥陀如来は、如来の墓標石仏のなかで一番多く造立されたものである。

【写真11】五輪塔

【写真12】宝篋印塔

▼五《ご》輪《りん》塔

墓地ではよく見られる五層からなる塔で、上から空《くう》・風《ふう》・火《か》・水《すい》・地《ち》の五大《ごだい》を表わす。

密教は、この五大のそれぞれに、《キャ》・《カ》・《ラ》・《バ》・《ア》の種字をあて、宇宙の真理を示す大日如来の象徴形とした（【写真11】）。

▼宝篋印塔《ほうきょういん》

『宝篋印陀羅尼経《だらにきょう》』を納める経典供養塔の一つで、正面に種字《シッチリヤ》を刻したり、あるいは塔身の四面に金剛界《こんごうかい》四仏か胎蔵界《たいぞうかい》四仏の種字を刻する（【写真12】）。寺院の境内に多く見られる塔である。

▼板碑《いたび》

石塔の一種で、板石塔婆《いたいしとうば》・青石塔婆《あおいし》などと呼ばれることもあるが、現在は「板碑」という名称が一般的である。大きさは、小さいものは数十センチ、大きいものは五メートルを超すものまである。

【写真13】　板碑

刻される種字は、阿弥陀如来の《キリク》、またはそれに観音菩薩の《サ》と勢至《せいし》菩薩の《サク》を加えた阿弥陀三尊《さんぞん》の種字が多いが、釈迦如来や大日如来の種字も見られ、時代によって変化している。

【写真13】は、阿弥陀如来の種字《キリク》が刻された板碑。

▼巡拝《じゅんぱい》塔・回国《かいこく》供養塔・六十六部《ろくじゅうろくぶ》供養塔・念仏供養塔・経典読誦《どくじゅ》塔など

右記の石塔は、寺院の境内あるいは路傍に建てられている。たくさんの庶民が、このような信仰行事にかかわったことの証《あかし》であるといえよう。

種字は、多くが阿弥陀如来、または阿弥陀三尊のものが刻されている。

【写真14】は、念仏を一億回称《とな》えたことを記念して建てられた「念仏供養塔」で、中央に阿弥陀如来の立像があり、その上

【写真14】 念仏供養塔

部に阿弥陀三尊の種字𑖮𑖿𑖨𑖱𑖾《キリク》・𑖭《サ》・𑖭𑖾《サク》が刻されている。

――以上、わかりやすく簡単に身近なところから石仏・石塔における梵字に親しんでいただけるよう、事例の紹介を主にしたつもりであるが、梵字がもつ永い歴史的背景と宗教の複雑さがあるため、説明が浅いものであることは否《いな》めない。しかし、少しでも興味をもっていただけたら、梵字はとても面白い分野に発展するのではないかと思われる。

現代の若者たちがＴシャツやバッグなどのデザインに梵字を用いているのを見ても、梵字の装飾性は抜群であるし、遠い存在の仏尊にも親しみが感じられる。

読者の皆さんも、ぜひ梵字に挑戦してみてはいかがだろう。

第二部

実践編

空《くう》海《かい》の真言観
——三《さん》密《みつ》行《ぎょう》のすすめ

高野山大学名誉教授
高野山・清涼院住職
静《しずか》　慈圓《じえん》

空海（七七四〜八三五）——弘法大師《こうぼうだいし》。日本密教の創始者であり、真言密教の開祖である。それだけにとどまらず、語学、思想、文学、書道芸術など、その多方面にわたる業績は群を抜いた巨人である。

日本歴史上における国際人の第一人者ともいえよう。

それらのことは、誰もが認めるところである。

◇真理の広がり

さて、最初に空海の『般若心経秘鍵《はんにゃしんぎょうひけん》』中の「秘蔵真言分《ひぞうしんごんぶん》」を中心として、空海の真言観に触れていこう。

次の頌《じゅ》には空海の真言観が端的に現れている。

真言は不思議なり、観誦《かんじゅ》すれば無明《むみょう》を除く。
一字に千理《せんり》を含み、即身《そくしん》に法如《ほうにょ》を証《しょう》す。

【現代語訳】 真言は不思議である。観念し口に唱えれば、私たちの煩悩（とらわれ）の根本である無明を取り除くことが出来る。その一字一字にたくさんの深い教え＝無限の真理が含まれ、この身にあるがままの真実を明かすことができる。

真言には「無限の真理が含まれている」とは、どのようなことなのだろうか。この無限の真理の広がりを、空海は『般若心経』末尾の真言、

①掲諦《ぎゃてい》　②掲諦　③波羅《はら》掲諦　④波羅僧《はらそう》掲諦　⑤菩提娑婆賀《ぼうじそわか》

によって具体的に説明している。その空海の解釈を見よう。

①は、声聞乗《しょうもんじょう》の人びとの修行の結果をあらわす
②は、縁覚乗《えんがくじょう》の人びとの修行の結果をあらわす
③は、もろもろの大乗《だいじょう》の勝《すぐ》れた結果を指す
④は、真言乗《しんごんじょう》の完全なる世界を求める人びとの修行の結果を指す
⑤は、以上のもろもろの教えによって究極としての悟りに入る

と説いたのである。

真言を唱えることによって、声聞乗、縁覚乗、大乗、真言乗の各々の世界に、この身このままで入ることが出来る、と説くのである。

衆生が声聞乗や大乗などのどの教えに入るかについては、仏道の教えを聞いて、修行しうる能力によるのだ、と説く。これを「機根《きこん》」という。機根は人によって浅深《せんじん》さまざまであるので、そ

の人の機根に合わせて如来は説いていくのである。
つまり、密教の教えとは、ある一つの目的または境地を定めて、そこに至った者だけを覚《さと》りを得た人として扱う教えではない。

弘法大師空海

顕機《けんき》（機根の劣る者）の人は顕なりに、密機《みつき》（機根の優れた者）は密なりに、それぞれの立場を生かしていくことを説いている。『般若心経秘鍵』に「機根不同《ふどう》にして性欲《しょうよく》即ち異なる」とあるのは、このことをいっている。この境地を理解する人が、密教の教えを知り得た人、つまり覚りを得た人といえるのである。

空海は、この機根を医者の薬にたとえて多くの例を出している。『般若心経秘鍵』中にも「聖人《せいじん》の薬を投《なぐ》ること、機《き》の深浅《じんせん》に随《したが》う」とある。また「医王《いおう》の薬を訪《とぶ》らわずんば、何《いず》れの時にか大日《だいにち》の光を見ん」とある。

人それぞれに持っている能力も、また煩悩（とらわれ）も異なる。まさに十人十色《といろ》である。この異なりを確実に知らなければ、各人に合った薬（教薬《きょうやく》）は与えられない。これが真言密教の教えの基本である。

以上、密教の救いの広がりを、機根、薬にからめて空海が述べていることを見ておいた。

◇三密行における真言

ところで、空海の構想した密教は、真言を唱えることだけで、覚りの世界に入ることになるのであろうか。このことを今少し考えてみたい。

空海は、真言を単に口誦《こうしょう》の次元で唱えているのではない。霊性と肉体が融合してしまうような境地に、空海のめざす「真言」の位置づけがあるようである。それは、密教の修行の中に真言を位置づけていることからいえよう。

空海の修行は、独自なものである。

一般に禅宗の修行は、坐禅をすることである。これを「只管打坐《しかんたざ》」という。ひたすら坐禅すること、全身心《しんじん》をあげて坐りぬくこと以外に、仏法の体得はないとする。

浄土門《じょうどもん》は、一心に南無阿弥陀仏を唱えること。阿弥陀仏への信心の深さを問うている。

密教は、空海の独自な修行方法によっている。それを「三密行《さんみつぎょう》」という。空海の『即身成仏《そくしんじょうぶつ》義《ぎ》』に説くところである。三密とは、「身密《しんみつ》」「語密《ごみつ》」「心密《しんみつ》」の三つをいう。衆生《しゅじょう》側、仏側共に、この三密を問題とする。

衆生側の三密、つまり「身体と言葉と心」について述べる。身体を限りなく仏に近づけるために、仏の象徴として「印《いん》」をいただく。言葉を限りなく仏の言葉とするために、仏の言葉「真言」を唱える。そして、心を「仏の心」と一体と観《かん》じていくのである。

三密行の具体的な姿は、「手に印を結び、口に真言を唱え、心は仏の心であると観想《かんそう》する」という行動となる。

真言は、仏の語密としての真言である。この真言を全身全霊にひびかせ「仏即自分」と瞑想するのである。空海の瞑想法「真言観法《しんごんかんぼう》」とでもいえようか。

◇声は真実をあらわす

空海の真言観は、その『声字実相義《しょうじじっそうぎ》』の中にも明確に説かれている。声字に実相（真実のすがた）があるという論文である。

そこに「真言とは則《すなわ》ち是《こ》れ声《しょう》なり、声は則ち語密なり」とある。私たちの声は真言であり、語密である、と言い切っている。

また「経の中の所説《しょせつ》の諸尊《しょそん》の真言は、即ち是れ声なり」とある。『大日経《だいにちきょう》』で説くところの諸尊の真言とは、声のことである、という。

「此《こ》の秘密語《ひみつご》は則ち真言と名づく」とある。真言とは秘密語である、ということである。

「実義《じつぎ》を知るを則ち真言と名づく」「真言は則ち苦を抜き楽を与う」とある。真言の効用を説いている。

右の例などから、空海は真言を大日如来の言葉とし、一字一句に無量の教えが含まれているとしている。その真言を衆生の声と対応させて、私たちの世界に下ろしてきているのである。

◇成仏と真言

空海は自らの思想をいろいろな方面から説いている。「即身成仏」「十住心《じゅうじゅうしん》」「顕密二教《けんみつにきょう》」などである。これら個々に表現されている思想も、一つの体系があり骨格がある。

一言でそれをいえば、「覚った空海が、〝三密行〟を行じて、覚りの三昧《さんまい》に入って、その中から漢字という言葉を用いて、自らの覚りを表現した」となろう。

その思想を構築する基本資料は、主として『大日経』と『金剛頂経《こんごうちょうぎょう》』である。ここでは『声字実相義』

中の真言観の立場で深めていきたい。

空海は当時の仏教の全てを統括し、整理した。そこを「顕教《けんぎょう》」（妄語《もうご》）といった。その上で、これらを突き抜けて最高の世界があるとし、そこを「密教」（真言）といった。

密教の世界は、つねに一切を照らし、一切を生かし、一切を創造している全一としての宇宙の生命体である。この世界を「法身《ほっしん》」という。そこでは真実の言葉（真言）が説かれている。

この法身は、常に衆生に向かって語られている。衆生の世界を「六塵《ろくじん》世界」（色《しき》・声《しょう》・香《こう》・味《み》・触《そく》・法《ほう》）という。『声字実相義』では、六塵のうち「色」の世界だけを詳説し、他は説かれていない。

衆生は迷いの世界で、いろいろな苦しみを受けている。この迷える世界から逃れるには、「心の眼」を開かねばならない。そのためには修行が必要である。密教の「三密行」がそれである。

修行は、ただ頭の中だけで理解するのではなく、真実なる言葉を唱え、全身全霊を捧げて、仏との合一を求めねばならない。これが密教の宗教的体験である。

この成仏の体験なくして、真言の言葉を口にしたところで、その真実相を理解することは難しい。神秘の宗教体験の中で、宇宙の神秘を開示する真言を唱え、心の眼が開けるのである。

周知のごとく、空海の思想は「マンダラ」という言葉で総称できる。このマンダラには、諸仏諸菩薩などあらゆる尊が表現されている。その尊の数だけ、また真言も見られるのである。

真言・陀羅尼を唱える際の心《こころ》得《え》

真言宗僧侶
善龍庵主
大森《おおもり》 義成《ぎじょう》

爰《ここ》に一《ひとり》の沙門《しゃもん》あり。余《よ》に虚空蔵聞持《こくうぞうもんじ》の法を呈《てい》す。その経に説《と》かく、「若《も》し人、法に依《よ》って此《こ》の真言一百万遍《べん》を誦《じゅ》すれば、即ち一切の教法の文義《もんぎ》、暗記することを得《う》」と。焉《ここ》に大聖《だいしょう》の誠言《じょうごん》を信じて飛燄《ひえん》を鑽燧《さんすい》に望む。阿国大滝嶽《あこくたいりょうがたけ》に躋《のぼ》り攀《よ》じ、土州室戸崎《としゅうむろとのさき》に勤念《ごんねん》す。谷響きを惜しまず、明星《みょうじょう》来影す。

（『三教指帰《さんごうしいき》』）

若き日の弘法大師空海《こうぼうだいしくうかい》が、虚空蔵菩薩《こくうぞうぼさつ》の真言を百万遍念誦《ねんじゅ》する「求聞持法《ぐもんじほう》」を修した時の心境を述べられている。

「大聖の誠言を信じて」とは、「仏様の真実の教えを信じて」という意味である。

本稿では、一般在家《ざいけ》の方が真言・陀羅尼（以下真言とする）を唱えるときの心得について述べるが、まさに真言を唱えるには、大師の説かれるように、その真言の教えと修行法を信じて行うことが最も肝要である。

◇念誦《ねんじゅ》とは何か

真言を唱えることを「念誦」という。念誦は密教の修行法なので、実修に際しては、真言宗《しんごんしゅう》か天台宗《てんだいしゅう》のしかるべき阿闍梨《あじゃり》（密教の先生）から指導を受けていただきたい。

次に、念誦にあたって重要なのは、どの仏様（ここでは如来《にょらい》、菩薩《ぼさつ》、明王《みょうおう》、天《てん》を示す）の真言を唱えるかということである。本来は受明灌頂《じゅみょうかんじょう》という密教の儀式を受けて、曼荼羅《まんだら》に投華得仏《とうけとくぶつ》し、その華がおちた仏様の真言や印《いん》を授かり、念誦修行する。しかし、現在、受明灌頂は一般向けに定期的には行われていないので、専《もっぱ》ら自分が信仰する仏様の真言か、光明《こうみょう》真言を念誦することが多い。どちらにしても、本格的な念誦修行をおこなう場合は、阿闍梨からその真言を伝授してもらう必要がある。

そして、中心となる真言が決まったら、よほどのことがない限りそれを変更しない。ただし、中心となる真言を補う意味で、他の真言（関係のある仏や眷属《けんぞく》、法楽《ほうらく》など）を唱えるのは構わない。たとえば筆者は、宝篋印《ほうきょういん》陀羅尼、光明真言、准胝観音《じゅんでいかんのん》の真言を中心に、愛染《あいぜん》明王、聖天尊《しょうでんそん》の真言なども合わせて念誦している。

◇時間と場所、そして本尊《ほんぞん》について

念誦する時間は、本来は一日三時《さんじ》（初夜《しょや》、後夜《ごや》、日中《にっちゅう》）、わかりやすく言えば晩、朝、昼であるが、だいたい朝か晩で構わない。

その修行の場所（道場）は、一般家庭なら仏間《ぶつま》かそれ専用の清浄《しょうじょう》に掃除した部屋である。そこに所定の本尊を祀《まつ》る。仏像、画像などが望ましいが、お祀りしきれないこともあるので、寺院のお札《ふだ》や御影《みえ》を授かるのもよいだろう。仏像、画像は念誦中に本尊のお姿を観想《かんそう》（イメージ）するのに役に立つ。御影には本尊のお姿が描かれている。また、お札にはたいてい本尊の種字《しゅじ》（梵字）が記してあるので、この種字を観想する方法もある。

本尊が定まったら、供物《くもつ》を整える。灯明《とうみょう》、焼香、供華《くけ》の三具足《みつぐそく》に加え、水や御飯などの飲食

物を供《そな》える。ワンルームマンションなどで専用の部屋が取れないときは、室内に念誦用の場所を決めればよい。この道場での念誦が基本になる。

行《ぎょう》が進めば、行住坐臥《ぎょうじゅうざが》、いつでもどこでも、車や電車の中でも念誦できるようになる。筆者は、車を運転するときは、宝篋印陀羅尼を念誦している。また道中で動物の遺体を見たときには、光明真言を三回唱えて、弔《とむら》っている。

◇作法と数について

さて、道場での念誦の際には、口を漱《すす》ぎ、手を洗う。本来は沐浴《もくよく》する。その上で清浄な衣服を着ける。僧侶は法衣《ほうえ》をまとう。在家なら輪袈裟《わげさ》をかける。可能なら塗香《ずこう》という、手掌《しゅしょう》に塗り身心を清める粉末状のお香を用意したい。だいたい五百円~千円ぐらいで仏具店やお香専門店で入手できる。

絶対に必要なのは、専用の百八の珠《たま》のある数珠《じゅず》（念珠《ねんじゅ》）である。百八と言っても母珠《もしゅ》（おやだま）や四天《してん》が入るので、実際の珠の数はもう少し多くなる。材質は梅か栢《かや》が軽くて使いやすい。この数珠の珠を胸の前で繰《く》り、数を数えながら念誦する。一度に念誦する数は、通常は二十一遍から百遍。あるいは三百遍、千遍などであるが、初めに決めた数を変えないことになっている。ちなみに念誦修行において百遍唱えるとは、実際は（数珠一周分であるため）百八遍唱えることで、八遍は数の取り違えや誤って唱えたときの補欠の分と考える。

毎日の日課として、この所定の数を念誦するが、なにか目的があるときは十万遍（これを一洛《いちらく》叉《しゃ》という）を目指す。たとえば文殊《もんじゅ》五十万遍という文殊菩薩の「アラハシャノウ」を五十万遍（五洛叉）唱える行法では、一週間で五十万遍唱えるが、最長五十日かけてもよい。そのときは初夜と後夜に各五千遍となえることになっている。

参考までに不動《ふどう》明王は十万遍、愛染明王は三十万遍、虚空蔵菩薩の求聞持法では百万遍（十洛叉）を目指す。

◇観想《かんそう》と五種《ごしゅ》念誦《ねんじゅ》について

「真言は不思議なり　観誦《かんじゅ》すれば無明《むみょう》を除く」（『般若心経秘鍵』）と弘法大師空海は説いている。本来、真言を唱えるときは、その真言を梵字で観想し、さらに口から出た梵字が本尊と行者の間で連《つら》なっているのを観想しながら念誦する。念誦のあとには、真言の梵字の相《そう》とその字義《じぎ》を自身の心月輪《しんがちりん》の中に観想していく。

しかし、初心者にはこのような観想は難しいので、真言の声を聴きつつ、自分の目の前に、満《まん》月輪《がちりん》の中にある本尊のお姿や種字を観想する。それが難しければ、ただ感謝の気持ちで念誦するのもよい。

なお、大師の『秘蔵記《ひぞうき》』には、念誦の仕様《しよう》として、次のような「五種念誦」が説かれている。

①蓮華《れんげ》念誦――念誦の声が、行者自身の耳に聞こえるだけの声量で唱える。通常の念誦はこれである。

②金剛《こんごう》念誦――唇と歯を合わせて音声を出さず、舌先を少し動かして念誦する。

③三摩地《さんまじ》念誦――舌を動かさないで、心の中で念誦する。心月輪に阿字《あじ》を観想する。

④声生《しょうじょう》念誦――心月輪の中に蓮華の上に載っている白い法螺貝《ほらがい》を観想する。そこから、妙《たえ》なる音声が起こり真言の声となる。それはまるで鈴を振るような音だという。自分も他人もその声が聞こえる音量である。

⑤光明《こうみょう》念誦――声を出す、出さないにかかわらず、口から光明を出すと観想して念誦する。

ちなみに、念誦のときは自然と内側に意識が向くので、慣れないと雑念がでる。それを振り払おうとすればするほど、余計雑念が湧《わ》き上がる。そのときは、マインドフルネス（気づきの瞑想）

の応用で、一度雑念がおきたことに気づいて、また念誦にもどる。

長時間の念誦などで、どうしても雑念が止《や》みがたいときは、念誦を数えるのを休み、自分の呼吸の上に本尊の種字――不動明王なら（カン）、毘沙門天《びしゃもん》なら（ベイ）など――を観想する。あるいは、目を開けて、本尊の仏像や画像に意識を向ける。仏様にお任せして、清めてもらうという気持ちで念誦するなど、自分に合った方法を工夫するとよいだろう。

時に、口が回らなくなり、簡単な真言が唱えられなくなることがあるので、あらかじめ大きめに真言を書いておくと用心になる。

◇おわりに――真言念誦の功徳譚《くどくたん》

京都国立博物館の館長などとして活躍された哲学者、故上山春平《うえやましゅんぺい》氏は、京都大学の哲学科の学生であったころ、精神が弱りノイローゼ状態になった。何をやっても治らないので、苦慮《くりょ》していた。

そんなとき上山氏は、下宿の大家《おおや》から、東寺《とうじ》にいた真言宗の碩学《せきがく》、長谷《はせ》宝秀《ほうしゅう》大僧正《だいそうじょう》を紹介された。そこで長谷師より虚空蔵菩薩求聞持法の次第《しだい》を授かった。しかし、僧侶が修行するようには出来ないので、毎日虚空蔵菩薩の真言「ノウボウ・アキャシャ・ギャラバヤ・オン・アリキャ・

マリボリ・ソワカ」を、数珠を持ち唱えながら、大文字《だいもんじ》で知られる如意ケ岳《にょいがたけ》に登ったのであった。

　じつは弘法大師空海が若き日に修行したこの法は、専門のお堂で如法《にょほう》に修せなくても、百万遍唱えるだけで虚空蔵菩薩の加護を受ける功徳があることが、その儀軌《ぎき》（修行法が記された密教のお経）に説かれている。大師が修行されて手ごたえを得たこの修行を、上山氏は、先述の『三教指帰《さんごうしいき》』冒頭の大師の言葉を信じて、毎朝早くあけの明星が出ているうちに登りだし、仕上げに山の上にある大師を祀る「大師堂」の前で念誦を繰り返した。

　一日三千遍と決めて修行していると、一年くらい経つうちに、だんだん元気が出てきて、いつの間にかノイローゼ状態を脱し、救われる体験をしたのだった。その後、戦争で特攻隊員として、人間魚雷回天《かいてん》の搭乗員になったが、生きて復員することができた。上山氏は虚空蔵菩薩の真言念誦に使用した念珠を常に持っていたという。特攻服を着た上山氏が首から念珠をかけている写真を見たことがあると、某師より伺ったことがある。

　心の回復、特攻隊からの生還、その後の哲学者としての活躍、筆者が感銘した真言念誦の功徳譚の一つとして、紹介した次第である。

密教の「三《さん》陀羅尼」をよむ

高野山大学名誉教授
乾《いぬい》 龍仁《りゅうにん》

「三陀羅尼」とは、現行の真言宗では、

①仏頂尊勝陀羅尼《ぶっちょうそんしょうだらに》 ②一切如来心秘密全身舎利宝篋印陀羅尼《いっさいにょらいしんひみつぜんしんしゃりほうきょういんだらに》 ③阿弥陀如来根本陀羅尼《あみだにょらいこんぽんだらに》

の三種の陀羅尼を総称していう。

朝夕の勤行《ごんぎょう》時に、また亡者回向《もうじゃえこう》のために、『理趣経《りしゅきょう》』あるいは『観音経《かんのんぎょう》』等とともに読誦する習わしである。

① 仏《ぶっ》頂《ちょう》尊《そん》勝《しょう》陀《だ》羅《ら》尼《に》

ノウボウ、バギャバテイ、タレイロキャ・ハラチビシシュダヤ、ボダヤ、バギャバテイ。タニャタ、オン、ビシュダヤ、ビシュダヤ、アサンマ・サンマ・サンマンダ・ババサ・ソワランダ・ギャチ・ギャヤカノウ・ソワハンバ・ビシュデイ、アビシンジャト、マン、ソギャタ・バラ・バシャノウ・アミリタ・ビセイケイ、マカ・マンタラ・ハダイ、アカラ、アカラ、アユ・サンダラニ、シュダヤ、シュダヤ、ギャギャノウ・ビシュデイ、ウシュニシャ・ビジャヤ・ビシュデイ、サカサラ・アラシメイ・サンソジテイ、サラバ・タタギャタ・バロキャニ、シャタ・ハラミタ・ハリホラニ、サラバ・タタギャタ・キリダヤ・ジシュタノウ・ジシュチテイ、マカ・ボダレイ、バザラ・キャヤ・ソウカタノウ・ビシュデイ、サラバ・バラダ・バヤ・ドラギャチ・ハリビシュデイ、ハラチニバリタヤ、アユ・シュデイ、サンマヤ・ジシュチテイ、マニ、マニ、マカ・マニ、タタタ・ボタ・クチ・ハリシュデイ、ビソホタ・ボウジ・シュデイ、ジャヤ、ジャヤ、ビジャヤ、ビジャヤ、サンマラ・サンマラ、サラバ・ボダ・ジシュチタ・

シュデイ、バジリ、バザラ・ギャラベイ、バザラン、ババト、ママ、シャリラン、サラバ・サトバナン、シャ、キャヤ・ハリビシュデイ、サラバ・ギャチ・ハリシュデイ、サラバ・タタギャタシッ、シャ、メイ、サンマシンバサエントウ、サラバ・タタギャタ・サンマシンバサ・ジシュチテイ、ボウジヤ、ボウジヤ、ビボウジヤ、ビボウジヤ、ボウダヤ、ボウダヤ、ビボウダヤ、ビボウダヤ、サンマンダ・ハリシュデイ、サラバ・タタギャタ・キリダヤ・ジシュタノウ・ジシュチテイ・マカ・ボダレイ、ソワカ。

◆意訳――尊き三界《さんがい》においてもっとも勝《すぐ》れた仏世尊《ぶつせそん》に帰命《きみょう》します。すなわち、オーム、浄《きよ》めたまえ、浄めたまえ、等しきものなき、あまねき光明《こうみょう》の遍満によって（六《ろく》）趣《しゅ》の深淵（を照らして）自性《じしょう》清浄《しょうじょう》ならしめるものよ、甘露《かんろ》のような善逝《ぜんぜい》のすぐれた言葉の灌頂《かんじょう》である大真言句によって、われを灌頂したまえ、授与したまえ、授与したまえ、寿命の維持者よ、浄めたまえ、浄めたまえ、虚空《こくう》のように清浄なるものよ、清浄なる仏頂尊勝よ、千の光明によって勧発《かんほっ》されしものよ、一切如来を照見するものよ、六波羅蜜《ろくはらみつ》を円満したものよ、一切如来の心髄の神力《じんりき》によって加持《かじ》されたものよ、大印《だいいん》なるものよ、金剛身《こんごうしん》の堅固《けんご》にして清浄なるものよ、一切の障碍と恐怖と悪趣（を離れて）清浄なるものよ、（苦より）離脱せしめたまえ、寿命の清浄なるものよ、（如来の）三昧耶《さんまや》（本誓《ほんぜい》）によって加持されたものよ、宝珠《ほうじゅ》よ、宝珠よ、大宝珠よ、真如《しんにょ》実際のように清浄なるものよ、開顕せる智慧の清浄なるものよ、勝ちたまえ、勝ちたまえ、勝ち遂《と》げたまえ、勝ち遂げたまえ、憶念《おくねん》したまえ、憶念したまえ、一切諸仏に加持されて清浄なるものよ、金剛を有するものよ、金剛蔵よ、わが身体も、一切有情《うじょう》の身体も、金剛のごとくなれ、身体の清浄なるものよ、一切の趣を清浄にするものよ、また一切の如来たちは、われに安慰を与えよ、一切如来の安慰によりて加持されたものよ、悟りたまえ、悟りたまえ、よく悟りたまえ、よく悟りたまえ、悟らせたまえ、悟らせたまえ、よく悟らせたまえ、よく悟らせたまえ、あまねく清浄なるものよ、一切如来の心髄の神力によって加持されたものよ、大印なるものよ、スワーハー。

【解説】

仏頂尊勝陀羅尼は、略して尊勝陀羅尼という。多くの類本があり、真言宗ではその中の善無畏《ぜんむい》訳『尊勝仏頂修瑜伽法儀軌《そんしょうぶっちょうしゅゆがほうぎき》』に見える尊勝呪《じゅ》を用いてきた。またその功徳《くどく》の内容から延寿《えんじゅ》陀羅尼あるいは善吉祥《ぜんきちじょう》陀羅尼等の異称がある。

仏陀波利《ぶっだはり》訳『仏頂尊勝陀羅尼経』によって陀羅尼の説かれた由来を窺《うかが》うと、三十三天（忉利《とうり》天）

の善法堂会《え》に善住《ぜんじゅう》という天子がいて、かれは歓楽の日々を送っていた。ところが、ある夜、どこからとなく声が聞こえ、「汝《なんじ》は七日後に寿命が尽き、死して後、畜生《ちくしょう》の身を受けること七度、その後、地獄に落ちるであろう、また地獄を遁《のが》れて、まれに人間に生まれても貧しさから免れないであろう」と告げられた。善住は心中大いに怖れ、帝釈天《たいしゃくてん》に救いを求めたが、帝釈天は自分には救う能力がないといって、ジェータ林の給孤独園《ぎっこどくおん》にいた釈尊に善住天子の救済をお願いする。そのとき釈尊が教えられたのが仏頂尊勝陀羅尼である。すなわちこの陀羅尼は、一切の悪趣《あくしゅ》を浄《きよ》め、一切の生死の苦悩を除き、地獄界や畜生界の苦を除き、一切の地獄を破って善道に回向《えこう》するなど、多くの功徳があるという。中でも、この陀羅尼を誦《じゅ》じて土砂を加持し、それを亡者の遺骸の上に散布すると、天に生まれるともあり、『不空羂索神変真言経《ふくうけんじゃくじんぺんしんごんきょう》』に同じく土砂加持の作法が説かれるのが注目される。

尊勝陀羅尼は仏の三十二相《そう》に見える仏の頂上肉髻《にっけい》相を讃《たた》えたものである。またこの陀羅尼を仏格化したものが仏頂尊勝尊である。密教には仏頂尊勝尊を本尊とし、息災・増益・除病・産生などを修する尊勝法がある。

尊勝陀羅尼は中国を中心に広くアジアに流布し盛んに信仰された。わが国法隆寺に伝わる貝葉《ばいよう》梵本《ぼんぽん》は、句数はやや少ないが、この陀羅尼が『般若心経』とともに記されていることで知られる。

また唐代以降、中国ではこの陀羅尼の石幢《せきどう》（経幢）が多く制作された。さらにチベットでは仏頂尊勝母《も》が、無量寿仏《むりょうじゅぶつ》・白色ターラと並んで長寿三尊の一つに数えられて信仰されている。

②一《いっ》切《さい》如《にょ》来《らい》心《しん》秘《ひ》密《みつ》全《ぜん》身《しん》舎《しゃ》利《り》宝《ほう》篋《きょう》印《いん》陀《だ》羅《ら》尼《に》

ノウマク・シッチリヤジビキャナン、サラバ・タタギャタナン。オン、ボビ・バンバダ・バリ、バシャリ、バシャタイ、ソロ、ソロ、ダラ、ダラ、サラバ・タタギャタ・ダト・ダリ、ハンドマン、バンバチ、ジャヤ・バリ、ボダリ、サンマラ、タタギャタ・タラマ・シャキャラ・ハラバリタノウ・バジリ、ボウジ・マンダ・リョウキャラ・リョウキリテイ、サラバ・タタギャタ・ジシュチテイ、ボウダヤ、ボウダヤ、ボウジ、ボウジ、ボジャ、ボジャ、サンボウダニ、サンボウダヤ、シャラ、シャラ、シャラント、サラバ・バラダニ、サラバ・ハンバ・ビギャテイ、コロ、コロ、サラバ・シュキャ・ビギャテイ、サラバ・タタギャタ・キリダヤ、バザラニ、サンバラ、サンバラ、サラバ・タタギャタ・グキャ・ダランジ・ボジリ、ボデイ、ソボデイ、サラバ・タタギャタ・ジシュ

チタ・ダド・ギャラベイ、ソワカ。サンマヤ・ジシュチテイ、ソワカ。サラバ・タタギャタ・キリダヤ・ダド・ボダリ、ソワカ。ソハラチシュチタ・ソトベイ、タタギャタ・ジシュチテイ、コロ、コロ、ウン、ウン、ソワカ。オン、サラバ・タタギャタ・ウシュニシャ・ダド・ボダラニ、サラバ・タタギャタンサ・ダド・ビボシタ・ジシュチテイ、ウン、ウン、ソワカ。

◆意訳――三世《さんぜ》の一切如来《いっさいにょらい》に帰命《きみょう》したてまつる。オーム、地上における最勝の住居をもつものよ、一よく説くものよ、よく説くために、出現したまえ、出現したまえ、受持したまえ、受持したまえ、一切如来の舎利《しゃり》（遺骨）を持《じ》するものよ、かれは蓮花《れんげ》なり。最勝の勝者よ、印《いん》を有するものよ、憶念したまえ、如来の法輪を転じる金剛を有するものよ。菩提《ぼだい》道場の荘厳《しょうごん》によって荘厳されたものよ、一切如来によって加持《かじ》されたものよ、悟らせたまえ、悟らせたまえ、悟りよ、悟りよ、悟りたまえ、悟りたまえ、正覚《しょうがく》あるものよ、正覚させたまえ、去りたまえ、去りたまえ、一切の諸の障碍は、去りたまえ。一切の悪を離れたものよ、取り去りたまえ、取り去りたまえ、一切の憂いを離れたものよ、一切如来の心髄である諸金剛を、集めたまえ、集めたまえ、一切如来の秘密である陀羅尼の印を有するものよ、悟れるものよ、よく悟れるものよ、一切如来によって加持された舎利を蔵するものよ、スワーハー。（如来の）三昧耶《さんまや》（本誓）によって加持されたものよ、スワーハー。一切如来の心髄である舎利の印を有するものよ、スワーハー。よく建立された塔よ、如来によって加持されたものよ、取り去りたまえ、取り去りたまえ、フーム、フーム、スワーハー。オーム、一切如来の仏頂の舎利の印よ、一切如来の分身である舎利によって飾られ加持されたものよ、フーム、フーム、スワーハー。

【解説】

宝篋印陀羅尼と略称される。この陀羅尼を説くものに唐の不空《ふくう》三蔵が訳した『一切如来心秘密全身舎利宝篋印陀羅尼経』がある他、異訳として宋《そう》の施護《せご》三蔵が訳したものがある。真言宗では不空訳に説かれる陀羅尼を用いてきたが、不空訳にも明《みん》本と長谷《はせ》版（享和元年）があって、長谷版を和本と称して、これが広く用いられてきた。この陀羅尼はその一字一句に、一切如来の心内の秘密である全身舎利を印すこと、あたかも宝の篋《はこ》の中に宝を納めるごとくであることから、このような名称をもつ。

不空訳によれば、無垢妙光《むくみょうこう》というバラモンの招待を受けた釈迦如来が、豊財《ぶざい》という園を通りかかったときに、園の中に古く朽ちた塔から光明が放たれているのをご覧になり、そのとき世尊

滋賀・石山寺の宝篋印塔

は塔を礼して供養され涙を流されたという。不思議に思った弟子たちを代表して金剛手《こんごうしゅ》菩薩が理由を尋ねると、世尊は、これは如来の全身舎利《しゃり》を集めた宝塔で、この中に一切如来無量倶胝《くてい》の心陀羅尼印法要が存在することを明《あか》された。そして金剛手の要請に応じて、宝塔供養の功徳とともに、その中に収めるべき宝篋印陀羅尼を説かれたというのである。

なお、この陀羅尼の書写・読誦や宝篋印塔の造塔の功徳として、亡者の堕《だ》地獄を救い、寿命の長遠をもたらし、貧しさを脱して富貴ならしめるなどと説かれている。このようなことから、古来よりこの陀羅尼が読誦され、また宝篋印塔が盛んに造立されてきた。

中国では、顕徳三年（九五六）に呉越《ごえつ》王の銭弘俶《せんこうしゅく》が同経を八万四千巻印写して塔中に収めて供養し回向した話が有名である。石造の宝篋印塔も宋代に初めて作られ、わが国でも鎌倉初期を経て中期以後に造立が盛んに行われた。

③ 阿《あ》弥《み》陀《だ》如《にょ》来《らい》根《こん》本《ぽん》陀《だ》羅《ら》尼《に》

ノウボウ、アラタンノウ・タラヤーヤ。ノウマク、アリヤ・ミタバーヤ、タタギャタヤ、アラカテイ、サンミャクサンボダヤ。タニャタ、オン、アミリテイ、アミリトウドバンベイ、アミリタ・サンバンベイ、アミリタ・ギャラベイ、アミリタ・シッデイ、アミリタ・テイゼイ、アミリタ・ビキランテイ、アミリタ・ビキランタ・ギャミネイ、アミリタ・ギャギャノウ・キチキャレイ、アミリタ・ドンドビ・ソバレイ、サラバ・アラタ・サダネイ、サラバ・キャラマ・キレイシャ・キシャヨウ・キャレイ、ソワカ。

◆意訳——三宝《さんぼう》に帰命《きみょう》したてまつる。聖なる無量光《むりょうこう》の如来《にょらい》・応供《おうぐ》・正遍知《しょうへんち》に帰命したてまつる。すなわち、オーム、甘露尊《かんろそん》よ、甘露より生じたものよ、甘露より出現したものよ、甘露を蔵するものよ、甘露を成就《じょうじゅ》したものよ、甘露の威光あるものよ、甘露の勇ましき歩みよ、甘露の勇ましき歩みを進めるものよ、甘露の虚空《こくう》のような名声をもたらすものよ、甘露の鼓音《こおん》をとどろかせるものよ、一切の目的を成就せしむるものよ、一切の業《ごう》と煩悩を滅するものよ、スワーハー。

【解説】

この陀羅尼は阿弥陀《あみだ》如来の小呪（オン・アミリタテイゼイ・カラ・ウン）に対して阿弥陀如来大呪と呼ばれる。また陀羅尼の中にアミリタ（甘露《かんろ》）の語が十遍出てくることから十甘露呪とも呼ばれる。なお初期の類本の中には三遍・四遍のものもあり、一定していた訳ではない。また陀羅尼の功徳にちなんで一切業障根本得生浄土神呪《いっさいごっしょうこんぽんとくしょうじょうどじんじゅ》などと呼ばれる。

類本はいくつか存在するが、真言宗では唐の不空《ふくう》三蔵が訳した『無量寿如来修観行供養《むりょうじゅにょらいしゅかんぎょうくよう》儀軌《ぎき》』に説かれる無量寿如来根本陀羅尼を用いてきた。

阿弥陀如来（京都・浄瑠璃寺蔵）

阿弥陀如来は大乗仏教の初期に登場した仏で、東方妙喜《みょうき》世界の阿閦《あしゅく》如来と並んで、西方極楽世界の仏として知られる。阿弥陀の原語はアミターバ（無量光）あるいはアミターユス（無量寿）であるが、漢訳ではアミタ（無量）

の部分だけを音写して表された。如来の仏徳を称《たた》えた名称で、無量光は如来の智慧と慈悲の働きを、また無量寿は如来の不滅不死を表したものである。

阿弥陀の異名は他にもあり、その一つが不死を意味するアムリタ（陀羅尼中のアミリタに同じ）である。アムリタは『リグ・ヴェーダ』に説かれる不死の霊薬であるソーマ酒のことで、これが中国では甘露と漢訳された。この不死を意味する甘露に対する信仰が後世、阿弥陀如来の属性に結びつけられた。またアムリタの俗語形がアミタと転訛《か》することも両者を結びつけた要因になったといわれる。

この陀羅尼は罪障消滅と極楽浄土への往生などに功徳があるとされ、そのため亡者得脱のために唱えられることが多い。

＊三陀羅尼について、詳しくは以下を参照されたい。
坂田光全『真言宗常用経典講義』東方出版
佐々木大樹「三陀羅尼」（『初期密教――思想・信仰・文化』）春秋社
栂尾祥雲『常用諸経典和解』六大新報社
頼富本宏「常用真言・陀羅尼の解説」（『現代密教講座』第四巻）大東出版社　等。

知っておきたい真言・陀羅尼

真言宗僧侶
善龍庵主
大森《おおもり》 義成《ぎじょう》

江戸時代、寛永寺《かんえいじ》を開山《かいざん》した天海僧正《てんかいそうじょう》は、長生きの秘訣《ひけつ》として、粗食《そしょく》、正直、日湯《にっとう》（日々の入浴）にならび、陀羅尼を唱えることを勧《すす》めたという。このように真言や陀羅尼には神秘的な力があり、病気平癒《へいゆ》や交通安全などの現世利益《げんぜりやく》から、先祖や自分自身の滅罪往生《めつざいおうじょう》という来世《らいせ》の功徳《くどく》までを願って唱えられてきた。

この項では、経典や霊験譚《れいげんたん》から、真言陀羅尼に対する信仰とその功徳を紹介したい。

まず真言や陀羅尼を唱えて霊験を得るには、少なからず守ることがある。蓮體和上《れんたいわじょう》著『宝篋《ほうきょう》

印《いん》陀羅尼和解《わげ》秘略釈《ひりゃくしゃく》』には、真言陀羅尼を唱えて（念誦《ねんじゅ》という）霊験が現れない原因に五つあると説く。かいつまんでいうと、

①信仰心が少ない。
②仏教の定める戒《かい》を破り、懺悔《さんげ》する気持ちがない。
③唱えるにあたっての道場や荘厳《しょうごん》などの準備不足。
④密教の先生である阿闍梨《あじゃり》から伝授を受けていない。
⑤中心となる真言陀羅尼を定めずに、よさそうなものを取り換《か》えては、気ままに唱え、ほかの修行法にも目移りして、どっちつかずになる。

以上である。もちろん、日常生活の中で念誦するには、これらをすべて満たすことは難しいが、少なくとも、信じる気持ちをもって、これという真言陀羅尼を決めたら、それを正行《しょうぎょう》として一《いっ》心《しん》に唱えることをお勧めする。できれば毎日、ある一定の数（七・二十一・百八・千八十遍《ぺん》など）を念誦するのが望ましい。それを繰り返し、十万遍（一洛叉《いちらくしゃ》という）を一つの目標とする。

真言念誦にはさらに深い意義があるので、しかるべき阿闍梨から指導を受けていただきたい。

＊なお、本項で紹介の真言陀羅尼の読み方は、浄厳和上《じょうごんわじょう》編『普通真言蔵《ふつうしんごんぞう》』を参考にした。

●光明真言《こうみょうしんごん》

オン・アボキャ・ベイロシャノウ・マカボダラ・マニハンドマ・ジンバラ・ハラバリタヤ・ウン

※「ハラバリタヤ」を「ハラハリタヤ」と読む流派もある。

菩提流支《ぼだいるし》訳『不空羂索神変真言経《ふくうけんじゃくじんぺんしんごんきょう》』には、大日如来《だいにちにょらい》が灌頂《かんじょう》を与える時、清浄蓮華明王《しょうじょうれんげみょうおう》の頭を撫《な》でてこの真言を授けたと説く。

この真言を百八遍唱えて、清らかな土砂《どしゃ》を加持《かじ》して、その土砂を亡骸《なきがら》や墓に撒《ま》けば、その功徳で往生するという。そこで、鎌倉時代の明恵上人《みょうえしょうにん》をはじめ、多くの高僧がこの「土砂加持」を行い、その功徳を民衆に説いてきた。また、亡者《もうじゃ》の滅罪のみならず、病気平癒をはじめとする様々な霊験がある。

『光明真言照闇鈔纂靈記《しょうあんしょうさんれいき》』には面白い霊験譚がある。尾張《おわり》の城下にある清信士《しょうしんじ》がいて、亡父の三回忌《き》のために忙しい中に暇をみつけて光明真言を唱え、ついに十万遍に至った。三回忌の前夜、持仏堂《じぶつどう》の前が大きな光を放っているので急いで見に行くと、亡父が雅《みやび》やかなる姿で立っている。するとその前に天井《てんじょう》から、雨のように金の銭が降ってくるではないか。亡父はその銭に糸を通しながら、息子に向かい「この金銭はおまえが私のために唱えた光明真言の功徳である。いまこれを数えてみると、十万のうち七万銭はおまえが受け取り、残りの三万銭は私が受け取る。これによって私はすでに天に生まれた」といった。そして、銭すべてを糸に通し終わると、光明とともに消え失《う》せたという。

●金剛寿命真言《こんごうじゅみょうしんごん》

オン・バザラ・ユセイ（某甲《むこう》）ソワカ

普賢延命菩薩《ふげんえんめいぼさつ》の真言であり、延命の功徳がある。
不空《ふくう》訳『金剛寿命陀羅尼念誦法《こんごうじゅみょうだらにねんじゅほう》』には、一日のうちに三回（おおまかにいうと、初夜《しょや》＝夕方。後夜《ごや》

普賢延命菩薩

＝朝。日中＝昼間）に、千遍この真言を唱えれば、前世からの罪障による短命を免《まぬが》れ、延命すると説く。その教えに基《もと》づき、密教寺院における延命の御祈願《ごきがん》において、念誦されている。

この真言には、前ページにあげたとおり、「某甲《むこう》」という部分があるが、この部分に延命したい人の名前を入れて唱えるのを口伝《くでん》としている。

筆者自身も、病気平癒の御祈願を頼まれると、この真言を唱えているが、少なからず功徳がある。

● 北《ほく》斗《と》総《そう》呪《じゅ》

オン・サッタジノウヤ・バンジャビジャヤ・ゼンホダマ・ソバビノウ・ラキサン・バンバト・ソワカ

北斗七星《しちせい》（「しっしょう」とも）は、私たちの生まれながらの運命を司《つかさど》っているといわれる。七星のそれぞれに真言があるが、総呪とは北斗七星すべてに通じる真言のことである。

金剛智《こんごうち》訳『北斗七星念誦儀軌《ほくとしっしょうねんじゅぎき》』には、すべての星や天龍夜叉《てんりゅうやしゃ》などが災いするのを除き、法に基づいて念誦し供養《くよう》すれば、北斗七星とその眷属《けんぞく》が姿を現し、様々な願いを叶えると説かれている。これによって、密教寺院では節分《せつぶん》などに北斗七星や二十八宿《しゅく》などの星を祀《まつ》り、この真言を念誦して一年の無病息災《むびょうそくさい》を祈る。

もしも占いや方位などで凶と出たときでも、この真言を一心に唱えておけば、凶が吉に代わり災い転じて福となる。

●火《か》界《かい》呪《じゅ》

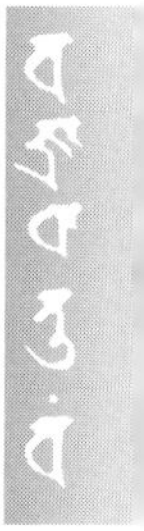

ノウマク・サラバタタギャテイビャク・サラバボクケイビャク・サラバタ・タラタ・センダ・マカロシャダ・ケンギャキギャキ・サラバビギンナン・ウンタラタ・カンマン

不動明王（四臂）

不動明王《ふどうみょうおう》の真言である。不空訳『金剛手光明灌頂経最勝立印聖《こんごうしゅこうみょうかんじょうきょうさいしょうりゅういんしょう》無動尊大威怒王念誦儀軌《むどうそんだいいぬおうねんじゅぎき》』に説かれている。

『今昔物語《こんじゃくものがたり》』巻十六第三十二話には、火界呪の霊験が紹介されている。鬼に唾《つば》をかけられて、人に姿が見えなくなってしまった男が、六角堂《ろっかくどう》の観音の導きで病気の神である童《わらし》に従い、ある娘を苦しめに行く。その娘の親が祈祷僧《きとうそう》を招き火界呪を唱えると、童は逃げ去り、男の着物に火がついて姿を現すという話である。

●十《じゅう》一《いち》面《めん》神《じん》呪《じゅ》

オン・マカキャロニキャ・ソワカ

玄奘《げんじょう》訳『十一面神呪心経《しんぎょう》』には、この十一面観音の神呪（十一面根本真言）を唱える利益《りやく》として、「十種勝利」と「四種功徳」を説く。

まず十種勝利は、①体が常に病気しない。②あらゆる仏から護られる。③財宝や衣食に恵まれ、尽きることがない。④怨敵《おんてき》を降伏《ごうぶく》し、おそれることがない。⑤国王などの尊い方から敬われる。⑥蠱毒《こどく》や鬼神《きじん》に害されない。⑦刀などの凶器に害されない。⑧水難にあわない。⑨火難にあわない。⑩悪い死に方をしない。

四種功徳は、①臨終《りんじゅう》に臨《のぞ》んで諸仏を見奉《みたてまつ》る。②死んだのち、地獄、餓鬼《がき》、畜生などの悪趣《あくしゅ》に生まれ変わらない。③災難で死なない。④極楽に往生する。

なお、筆者の知人は、商売（天麩羅屋《てんぷら》）が不振であったため、大日、十一面真言を各十万遍、そして歓喜天《かんぎてん》真言を数を限らず念誦した。すると図《はか》らずも店舗《てんぽ》の立ち退《の》きを迫られ、それまでの負債《ふさい》（家賃）が帳消しになり、よき援助者を得て移転したところ、客数が三倍になったと喜びの報告を受けたことがある。

もちろん、その人の持っている功徳や時節に応じて利益は現れるので、すべてこのようになるわけではないが、一つの例として紹介した。

●大《だい》金《こん》剛《ごう》輪《りん》陀《だ》羅《ら》尼《に》

ノウマク・シッチリヤジビキャナン・サラバ・タタギャタナン・アン・ビラジ・ビラジ・マカシャキャラ・バジリ・サタサタ・サラテイ・サラテイ・タライタライ・ビダマニ・サンバンジャニ・タラマチ・シッダ　ギリヤ・タラン・ソワカ

真言陀羅尼を唱える時に、その句を誤り、あるいはあくびや上《うわ》の空《そら》で念誦すると、その功徳が欠けるという。しかし、念誦の後に、この大金剛輪陀羅尼を七遍唱えればその誤りを補《おぎな》い、真言陀羅尼の功徳が増すとされる。

『陀羅尼集経《じっきょう》』巻二には、この陀羅尼を二十一遍唱えれば、灌頂壇《かんじょうだん》に入るのと同じ功徳があると説く。

そのため、この印《いん》と陀羅尼を結誦《けつじゅ》すれば、あらゆる密教の法を成就するとあり、また印を結び、法を行じるのに灌頂を受けていなくても、盗法《とうほう》の罪にはならないとある。

梵字を書く

東京・観蔵院住職
大正大学非常勤講師
小峰《こみね》智行《ちぎょう》

インドで生まれた梵字は、仏教経典を記す文字として、まず中国にもたらされた。梵字の字体は年代によって異なるが、中国を経て日本に伝わった梵字の字体は「悉曇《しったん》」（シッダ・マートリカー）と呼ばれるタイプのもので、密教経典が盛んに漢訳された唐《とう》の時代に用いられていた字体である。

その頃、遣唐《けんとう》使《し》船《せん》に乗って唐に渡った「入唐八家《にっとうはっけ》」と呼ばれる僧侶たち（最澄《さいちょう》・空海《くうかい》・常暁《じょうぎょう》・円行《えんぎょう》・円仁《えんにん》・慧運《えうん》・円珍《えんちん》・宗叡《しゅうえい》）が、密教経典と共に、その教義に欠かせない梵字の資料を日本に持ち帰ったのである。

◇梵字の二つの書体——毛筆《もうひつ》書体と朴筆《ぼくひつ》書体

インド伝来の経典は、木の葉などを加工した「貝葉《ばいよう》」という筆記媒体に、鉄筆《てっぴつ》などで引っ掻いて文字を書いたものであった。しかし当時の中国には、すでに紙と筆があり、経典に書かれていた梵字の書写もそれらの筆記具を用いて行われたため、書体も中国の様式となった。

空海が唐にいた時のノート『三十帖策子《さんじゅうじょうさくし》』には、空海の直筆とされる「毛筆書体」の梵字が残されている。

また当時の中国では、先端が扁平《へんぺい》な「朴筆」（ヘラや刷毛《はけ》）も用いられており、「朴筆書体」の梵字資料も日本にもたらされている。

▼毛筆書体

平安期に入唐僧たちが梵字資料を日本に持ち帰って以降、天台宗では五大院安然《ごだいいんあんねん》（八四一頃〜九一五頃）、真言宗では石山寺淳祐《いしやまでらしゅんにゅう》（八九〇〜九五三）などの碩学《せきがく》によって梵字に関する学問が確立された。書体については、梵字が入唐僧によって日本にもたらされた当初は中国風の書体であったが、後に独自の変化をとげていったと考えられている。

毛筆書体の阿字（小峰智行書）

江戸期になると、澄禅《ちょうぜん》（一六一三〜一六八〇）・浄厳《じょうごん》（一六三九〜一七〇二）・慈雲《じうん》（一七一八〜一八〇五）の三師があらわれる。澄禅は肥後《ひご》（熊本県）出身で、上洛《じょうらく》の後、京都智積院《ちしゃくいん》の運敞《うんしょう》に師事。『悉曇愚鈔《しったんぐしょう》』をはじめとする著作と、極めて多くの梵書を残した人物である。

浄厳は河内《かわち》国の出身で江戸湯島《ゆしま》の霊雲寺《れいうんじ》の開基《かいき》として知られる。梵学に精通し、この時代の代表的な梵字梵語の研究書『悉曇三密鈔《しったんさんみつしょう》』を著《あらわ》すなどした。

慈雲は大阪中之島《なかのしま》の生まれで十三歳で出家、密教と梵語を学んだ。戒律の研究でも著名だが、一方で梵字梵語研究に勤《いそ》しみ、後に一千巻にも及ぶ大著『梵学津梁《ぼんがくしんりょう》』を完成させた近世梵学研究の巨人である。

三師は言わば江戸期における梵学復興の先駆者《せんくしゃ》であり、現在伝承されている毛筆の梵字書体は、ほぼすべて三師の系統のものであるといってよいだろう。

▼朴筆書体

梵字には朴筆で書かれた書体がある。宝永《ほうえい》六年（一七〇九）に刊行された宥山《ゆうざん》の『梵書朴筆手《ぼんしょぼくひつて》

朴筆書体の阿字（小峰智行書）

鑑《かがみ》』によると、朴筆とは桧《ひのき》や柳の板、新竹《わかたけ》などで作られた筆記具のことであったようだが、現在は毛で作られた、いわゆる刷毛《はけ》を用いて書くのが一般的である。

朴筆書体は古くから書かれていたと思われるが、この書体を研究し、より洗練された書体として完成させたのは前述の澄禅である。澄禅は朴筆書体の梵字を集めた『種子集《しゅじしゅう》』を刊行した他、朴筆梵書の名筆も数多く遺《のこ》しており、現在の朴筆書体に大きな影響を与えている。

◇梵字を書く道具の紹介

梵字を書く道具としては、一般的な書道用具、筆・硯《すずり》・文鎮《ぶんちん》・下敷《したじき》、それに墨・紙といった消耗品を準備すれば十分であろう。

特に「梵字用」と定められているものは無いが、筆については、朴筆書体で書く場合は当然、刷毛が必要になる（それについては後述する）。

また、紙は人それぞれの好みはあるが、にじみの少ないもののほうが梵字には向いていると思う。朴筆（刷毛）を用いる場合は、にじむ紙だと細い線が綺麗に出ない。

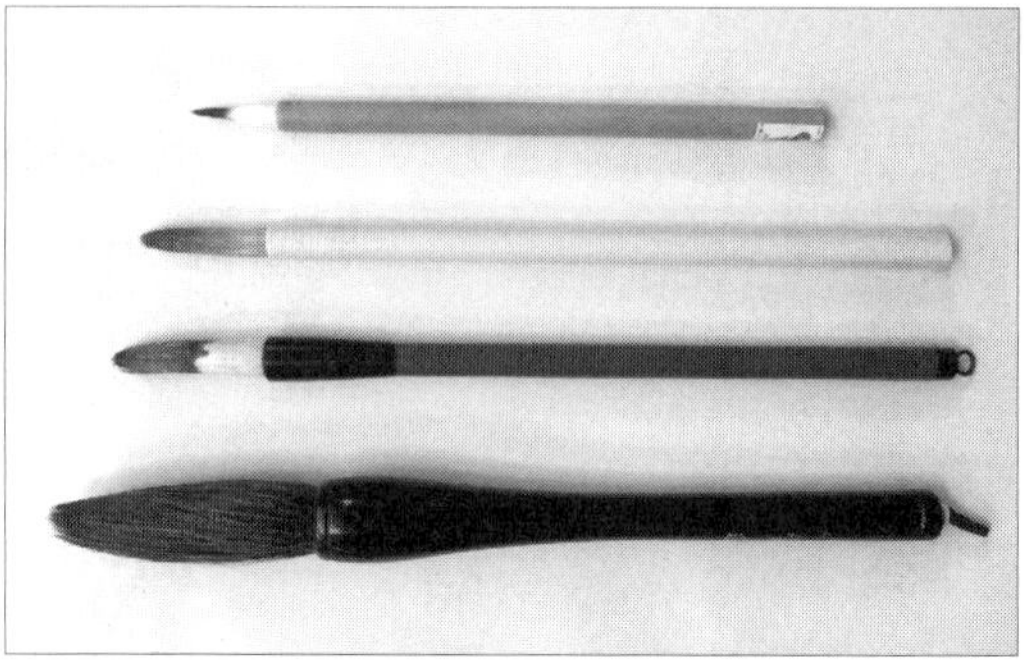

【写真Ａ】　毛筆書体用の筆

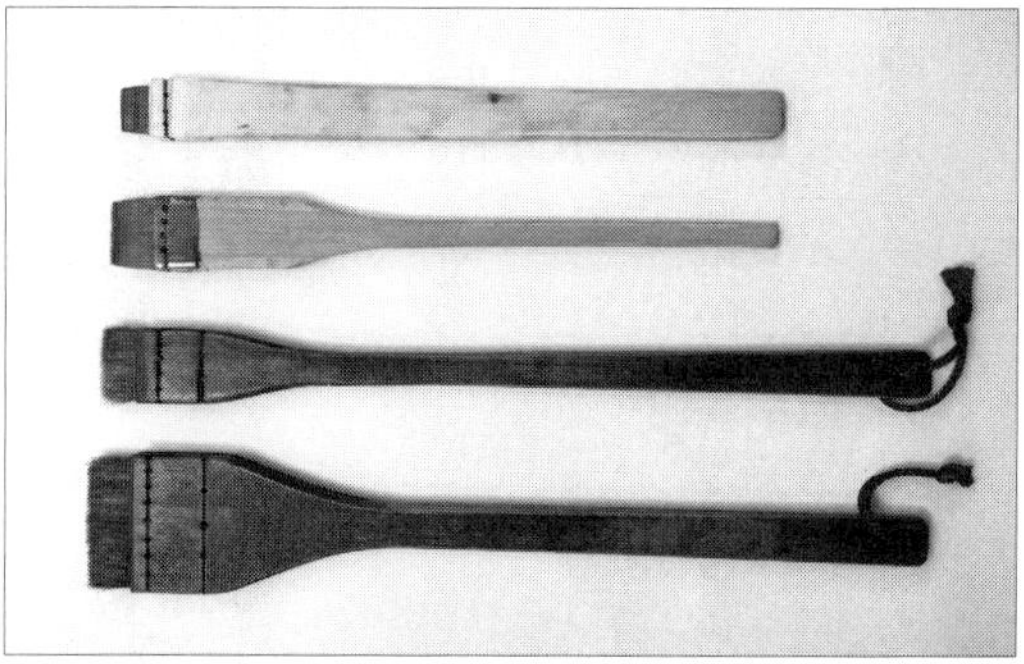

【写真Ｂ】朴筆書体用の刷毛

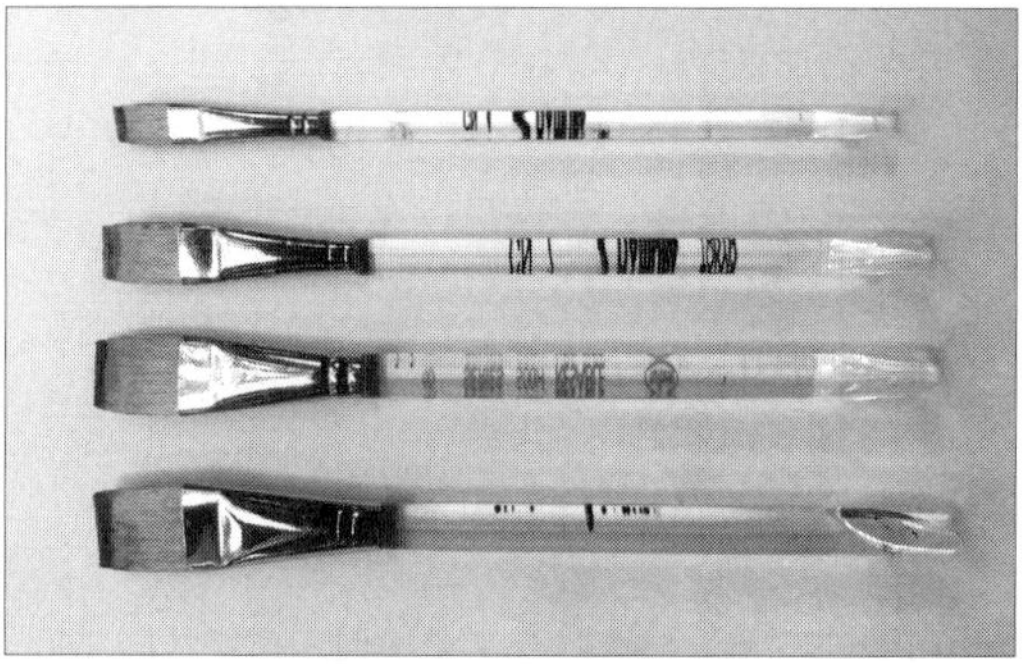

【写真Ｃ】　刷毛の代わりに使える水彩画用の平筆

《毛筆書体用の筆について》――毛筆で書く場合の筆は、特に決まりはないが、穂先《ほさき》があまり長くない中穂か短穂が書きやすい。中穂や長穂の場合、全部おろさずに半分程度おろして使用する方法もある。毛の質は、あまり柔らかすぎない、腰のあるものがよいだろう。あまり高価な筆は必要ないと思う。筆そのもののサイズについては字の大きさに合わせて選べばよい（写真A参照）。

《朴筆書体用の刷毛について》――刷毛は選ぶのが大変難しいといっていいだろう。まず朴筆書体の場合、刷毛の幅の長短で文字の大きさがほぼ決定され、許容範囲が狭いため、書く字の大きさに合わせてサイズの異なる刷毛を用意しなければならない。また梵字を書くのに適した刷毛そのものの入手が容易とはいえず、種類も多くない。近年は「梵字刷毛」「梵字筆」などの名で、書道用品や絵筆などを取り扱う専門店で販売されていることもあるが、やはり種類が豊富とはいえないだろう。本当に自分に適した刷毛を選ぶためには練習を重ね、刷毛の特性を理解した上で、日本画筆などを制作している専門店に注文するのである（写真B参照）。

《刷毛の代わりに……》――刷毛を選ぶことの難しさを右記したが、刷毛の代用品として使用できるものもある。たとえば筆者は、刷毛の代わりに、水彩画用の平筆《ひらふで》を日常的に用いている。ただし水彩画用の平筆は、そのままだと穂先が長すぎるため、糊《のり》などで一度固め、先を少しおろして使用している。固まる過程で幅が変化したり、均等に固まらなかったりするので、固めるにも慣れが必要であろう（写真C参照）。

◇梵字の基本「阿字《あじ》」の書き方（毛筆）

阿字は梵字の配列上最初の文字であり、密教の教義的にも大変重要な文字である。書写が難しい文字であると同時に、梵字の書写に必要な基本的筆法を学ぶのに適した文字であるため、初学者はまずこの「阿字」を十分に練習することが肝要である。

次ページの図を見ながら解説していこう。

(1)　梵字を書く際、起筆に打つ点を「命点《みょうてん》」といい、すべての梵字に必ず打つことになっている。命点の無い梵字は生きた字ではなく、仏の文字ではないとするのが伝承である。その打ち方は、筆をやや斜めに持ち、四十五度程度の角度で筆を入れ、少し押さえるのである。

(2)　命点を打ったら、筆を紙から離さずに命点の先の方向へ押し戻し、そのまま横画をつくる。この時に押し戻す方向や位置によって命点付近の形に違いがあらわれる（※異体参照）。横画を書いたら、その終わりを軽く押さえて今度は左下へ筆を運び、また軽く押さえて右上方へ書いた線をなぞるように戻し、命点の右下部と交わるあたりから右下方へ引き下げて筆をおさめる。

(3) 命点と横画、左下に引いた線によってできた逆三角形の中心の辺りに筆を入れ、そのまま下方から左へとゆるやかなカーブを描くように筆を運ぶ。そのまま終筆してもよいが、少し穂先を上方に押し上げるようにした後、左側を穂先で整えるよう引き戻しておさめるとまとまる。

「阿字」(毛筆)の書き方

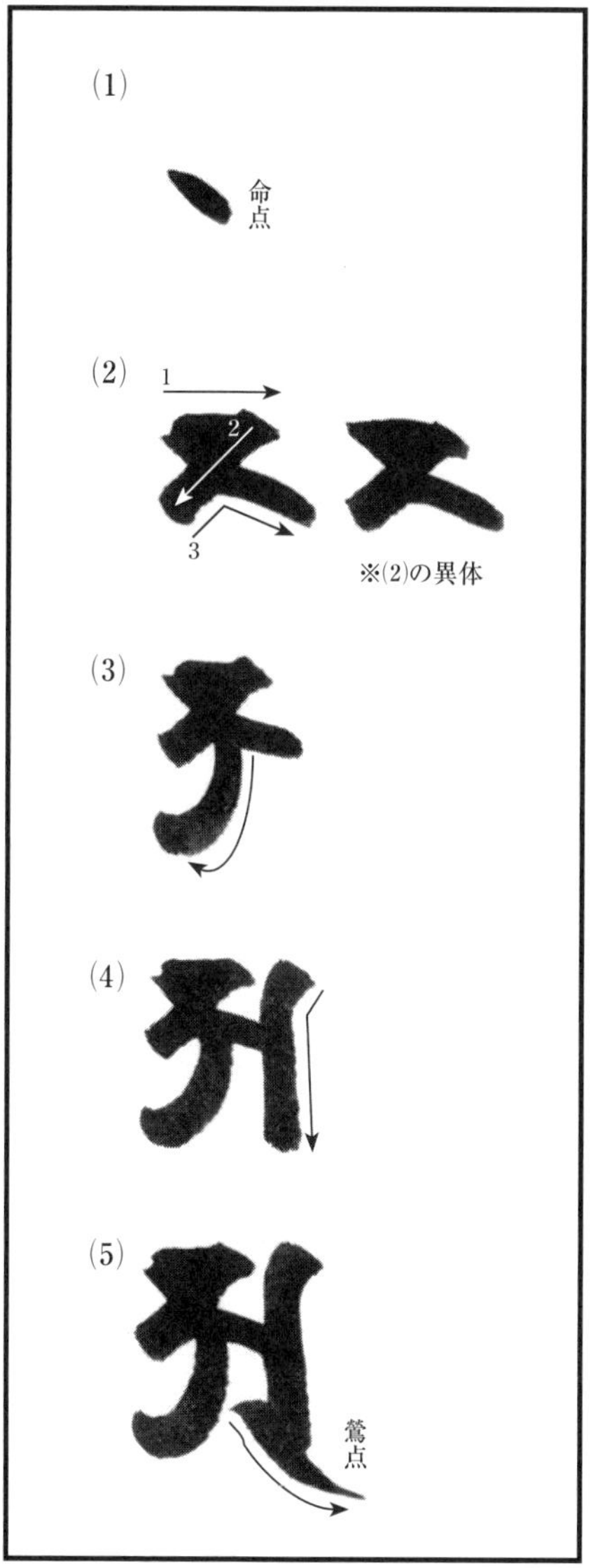

(4)　横画の延長線上、右側に筆を入れ、そのまま少し左下へ引いた後、筆を止めずに真《ま》っ直《す》ぐ下に線を引く。(3)の線の最下部と同じ位の高さで終筆。

(5)　この点を鶯点《うぐいすてん》という。書き方は、まず手首を少し返し筆がほぼ真横を向く状態で(4)の線の終筆部左側やや上部に引っかけるように筆を入れ、少し右に引きながら下に降ろし、(4)の線の右側に達する辺りから右斜め下方向に引きながら筆を抜くのである。いわゆる書道の「払い」とは違う点に注意すること。

◇おわりに――梵字を書く際の「十の禁条《きんじょう》」

本稿のおわりに、梵字を書く際の心構えとして密教の僧侶に伝えられてきた、十の禁条を紹介したいと思う。

この十の禁条には、用いられている文言が多少異なるいくつかの例があるが、内容に大きな違いはなく、そこからは梵字がいかに大切に扱われてきたかが見て取れる。

現実的に、これらすべてを特に僧侶ではない人が厳密に守ることは困難であるが、僧侶はもちろん梵字を書こうとする人は、本来はこのような心構えが必要なものであると理解してほしい。

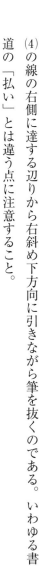

一、梵文は打つこと莫《なか》れ、焼失すること勿《なか》れ。是《こ》れ仏種《ぶっしゅ》（仏となる原因）を断ずる罪咎《ざいきゅう》の故に。

二、不浄の木石及び紙箋《しせん》に此《こ》の梵文を書写すべからず。

三、字の上に字を書き或いは書き残し、書き滅す等の事、皆之《これ》を誡《いまし》む。

四、世間の記録、外書《げしょ》（仏教以外の書物）等に、梵字梵文を交入すること勿れ。

五、謬誤《びゅうご》（誤って）に書写し及び妄説《もうせつ》すれば一切諸法成就《じょうじゅ》せず。

六、梵文を読誦《どくじゅ》し書写する者は、必ず法衣《ほうえ》を着《ちゃく》し威儀《いぎ》に住せよ。

七、不信の者及び外道《げどう》（仏教徒以外）に対しては、梵文の妙義《みょうぎ》之を説くこと莫れ。

八、若《も》し妙慧法器《みょうえほうき》（すぐれていて仏法を受け入れる素質のある）の者有《あ》らば、其《そ》の法文を悋惜《りんしゃく》（惜しむ）すべからず。

九、書写読誦は師説にしたがい、連声相通《れんじょうそうつう》（音韻《おんいん》に関する考え）全く教えの如くせよ。

十、先徳《せんどく》の聖教《しょうぎょう》（仏教経典や高僧の教説を記した書物）、師伝の外に、胸臆《きょうおく》の説を案立《あんりゅう》すべからず。

梵字を用いた修行法「阿字《あじ》観《かん》」とは

智山教化センター所員
伊藤《いとう》尚徳《しょうとく》

◇阿字の字義

梵字はその一文字一文字に「字義《じぎ》」という特殊な意義を有する。たとえば「阿吽《あうん》の呼吸」の語源にある梵字の阿字（𑖀）と吽字（𑖮𑖳𑖽）。梵字の阿は口を開いて最初に発する音であり、吽は口を閉じて発する最後の音とされることから、万物の諸源と窮極が象徴されていると考える。そこから阿字はさとりを求める心である「菩提心《ぼだいしん》」として、吽字はさとりの帰着である「涅槃《ねはん》」としての意義も認めるのである。

また、「菩提心」たる阿字は、一切字の母としても位置づけられ、その字義は「阿字諸法本《しょほうほん》不生《ぶしょう》」とされる。「本不生」とは「本来不生不滅《ふしょうふめつ》」のことであり、あらゆる物事の根源であり、空なる在り方として、生ずることも滅することもない、「永遠・常住《じょうじゅう》の存在」であることを捉えた表現である。

この万物の根源であり、不生不滅の存在として宗教的に位置づけられるのが曼荼羅の中心に描かれる大日如来《だいにちにょらい》である。すなわち阿字は単なる梵字の一字ではなく、私たち自身の菩提心であるとともに、本来不生不滅の大日如来そのものとして捉えられる。

◇密教の禅定法《ぜんじょうほう》——阿字の観想

阿字観とは前述の阿字（𑖀）の字義の理解を前提として、修行者が梵字の阿字を心静かに見つめ、阿字と行者の心が一体であり、しかも私たちの心が大日如来そのものであることを体感する、密教の禅定法である。

仏教では、修行の基本的項目として戒《かい》学・定《じょう》学・慧《え》学の三学《さんがく》を立てる。生活の規範としての戒を保ち、心の散乱を防ぐ禅定を修め、それをもって煩悩を断ずる智慧を獲得し、解脱を目指すというものであるが、阿字観もまた、定学として密教修行者の基本的な実践に位置づけられる。その実践において特徴的なのは、心を集中し統一させる方法として、「観想《かんそう》」に重点が置かれることであろう。観想とは現代的に換言すれば「イメージすること」であり、呼吸を調《ととの》えつつ、作法次第に則り、積極的に仏の世界をイメージしていくのである。

この観想は密教のあらゆる修法の中核になるものであるが、特に阿字観は弘法大師 空海（七七四～八三五）によって伝えられたものであることから、真言宗の修法《しゅほう》においても基本的かつ重要な観想修行の一つであるといえる。

◇瑜《ゆ》伽《が》行《ぎょう》としての阿字観

密教の修法は瑜伽行とも呼ばれる。これは梵語におけるyoga《ヨーガ》が音写されたものである。yogaの語源のひとつには「結びつけること」があるが、yogaは調息と瞑想をとおして散乱する自らの心を引き締めて、自身と宇宙との統一をはかる古代インドの諸宗教で用いられた修行法であった。これが仏教においては坐禅や観法として発展したのである。

真言宗を開かれた弘法大師 空海は、現在を生きるこの身このまま仏になる「即身成仏《そくしんじょうぶつ》」の思想を打ち立てた。その即身成仏を可能にする修行方法として掲げたのが、「三密加持《さんみつかじ》」、または

「三密瑜伽《さんみつゆが》」と呼ばれる修行法である。空海はそのことを『即身成仏義』に、

「手に印契《いんげい》を作《な》し、口に真言を誦《じゅ》し、心、三摩地《さんまじ》に住すれば、三密相応して加持するが故に早く大悉地《だいしっち》を得」

と説いている。

三摩地とは、サンスクリット語の samādhi《サマーディ》の音写であり、また私たちの耳にも親しい「三昧」のことである。読書に夢中になっていることを読書三昧などというが、心が一つのことに専注して安定している状態のことである。

阿字観に用いる阿字の本尊

すなわち、三密加持（瑜伽）とは、私たち凡夫《ぼんぷ》の身体と言葉と心のはたらき（三業《さんごう》）を、仏の身体と言葉と心のはたらき（三密）に統一することである。そのための方法が手に印契を作し、口に真言を誦し、心を三摩地に住することなのである。瑜伽行である阿字観の実修をとおして、修行者は三密加持を完成し、即身成仏の境地を目指すのである。

◇阿字観の功徳とその伝承

阿字観を修行しようとする者が、指導者である阿闍梨《あじゃり》から伝授される際に必携されるのが、弘法大師の十大弟子のひとりである、檜尾僧都《ひのおそうず》実慧《じちえ》（七八六?〜八四七）の記とされる『阿字観用心《あじかんようじん》口決《くけつ》』である。実慧はこの中で、阿字観の準備と次第、観想における要点をまとめられているが、阿字の観想について「一切善根《ぜんこん》をこの一字に収めるが故に、海印三昧《かいいんざんまい》の真言と云うなり、これに依りて一度この字を観ずれば、八万の仏教を同時に読誦する功徳に勝《すぐ》れたり」とその功徳の大きさを語っている。海印三昧とは、『華厳経《けごんぎょう》』に説かれた仏の心の境地であり、宇宙のすべての物事が心に顕現した状態と解釈される。その境地を真言の一字として表したものが阿字であるというのである。また「行住坐臥《ぎょうじゅうざが》、懈《おこた》ること無く精進修行すれば、速《すみ》やかに浄菩提心を開顕《かいけん》すべきものなり」と結び、日頃から阿字を観想することの大切さを記している。

また、真言宗の中興の祖である興教大師《こうぎょうだいし》覚鑁《かくばん》（一〇九五〜一一四四）は、臨終行儀《りんじゅうぎょうぎ》の肝要を記した『一期大要秘密集《いちごたいようひみつしゅう》』において、病者が臨終の際に阿字を観想することが往生の秘訣であることを説いている。古来より真言宗の先師たちがいかに「阿字観」を重要視されてきたかが窺《うかが》われよう。

◇教化活動として行われる現代の阿字観

弘法大師の時代から連綿と伝えられてきた阿字観であるが、現代においては、教化活動の一つとして多くの真言宗寺院で阿字観会が開かれるようになってきた。

阿字観の詳細な次第については、密教の伝統において、阿闍梨からの伝授を受けなければ開示できないため、ここでは真言宗智山派総本山智積院《ちしゃくいん》別院 真福寺《しんぷくじ》（東京都港区愛宕一—三—八）で一般に向けて開催されている阿字観会の次第について紹介したい。

真福寺の阿字観会では、阿字観を行う前に身体をリラックスさせ、瞑想に入りやすくするために、ハタ・ヨーガをもとにして考案された清浄《しょうじょう》体操を行う。清浄体操の後に、参加者は合掌をして（手に印契を作し）、大日如来の真言を唱え（口に真言を誦し）、阿字観に入る（心を三摩地に住する）。

阿字観を実修する際には、実践する者から三尺から四尺ほど離れたところに本尊としての阿字を懸ける。

阿字観の本尊には、「月輪《がちりん》」「八葉《はちよう》の蓮華《れんげ》」「阿字」が画かれている。月輪は仏の曇りない智慧の象徴であり、八葉の蓮華は決して汚れない慈悲の象徴である。梵字の阿字は、自らの心と大日如来を象徴している。

真福寺の阿字観の様子

道場の照明は消され、参加者は暗がりの中で、ぼんやりと浮かび上がる月輪と、蓮華の上に輝く本尊の阿字を見つめながら、はじめに「数息《すそく》観《かん》」と「月輪観《がちりんかん》」の二つの観想を行う。

数息観では、身体の中の不浄の空気を吐き出し、清らかで新鮮な空気を身体に取り入れるイメージをしながら、ゆっくりとした呼吸を繰り返す。深呼吸しながら吐き出す息を一から十まで数えるが、このとき数を数えることに意識が集中するため雑念を除くことができる。

次の月輪観は、本尊に画かれる月輪を自分の胸の中に観じ、その月輪をだんだんと大きく広げていく観想と、やがて宇宙大まで広げた月輪を元どおり自分の胸の中におさめるまで小さく縮める観想である。自分自身が光輝く月輪に包み込まれるときの穏やかな感覚は表現しがたい。

そして阿字観。本尊の阿字を大日如来と観じながら、自身の胸の中におさめるように観想する。光り輝く月輪、清らかな蓮華、蓮華の上の阿字をしっかりと胸の中にイメージすることで、自身と仏がつながりあい、本来一体であるということが強く感じられる。阿字観を終えた後は、仏の慈悲心を抱いたまま出定《しゅつじょう》するのである。

以上、阿字観実修の概略を示したが、ぜひ阿字観会に参加され、その妙味を堪能されたい。

（※真福寺では月に一度、昼と夜の二部に分けて、誰でも参加できる阿字観会を開催している。要予約）

付録——いろいろな陀羅尼

《付録①》

禅《ぜん》宗《しゅう》の「大《だい》悲《ひ》心《しん》陀《だ》羅《ら》尼《に》」

駒澤大学仏教学部講師

大澤《おおさわ》邦由《ほうゆう》

◇◇◇◇◇◇◇◇◇◇◇◇◇◇◇◇◇◇◇◇◇

大《だい》悲《ひ》心《しん》陀《だ》羅《ら》尼《に》

南《な》無《む》喝《か》囉《ら》怛《たん》那《のー》・哆《と》囉《ら》夜《やー》耶《やー》・南《な》無《む》阿《を》唎《り》耶《やー》・婆《ぼ》盧《りょ》羯《きー》帝《ちい》爍《し》盋《ふ》囉《らー》耶《やー》・菩《ふ》提《じ》薩《さ》跢《と》婆《ぼー》耶《やー》・摩《も》訶《こ》薩《さ》跢《と》婆《ぼー》耶《やー》・摩《もー》訶《こー》迦《きゃー》嚧《る》尼《に》迦《きゃー》耶《やー》・唵《えん》・薩《さー》皤《は》囉《ら》罰《はー》曳《えい》數《しう》怛《たん》那《のー》怛《とん》寫《しゃ》・南《な》無《む》悉《し》吉《き》嘌《りー》埵《と》伊《い》蒙《もう》・阿《を》唎《り》耶《やー》婆《ぼ》盧《りょ》

◇◇◇◇◇◇◇◇◇◇◇◇◇◇◇◇◇◇◇◇◇

◆意訳

仏法僧の三宝に帰依し奉る。大悲心を具する聖者、観世音菩薩摩訶薩に帰依し奉る。あらゆる恐怖から救ってくださる観世音菩薩に帰命し奉る。私はこれから観世音菩薩の秘呪《ひしゅ》を説かん。この秘呪はあらゆる誓願をかなえ、あらゆる鬼《き》

吉帝《きーちい》・室佛囉《しふらー》・楞駄婆《りんとうぼー》・南無那囉《なーむーのーらー》・謹墀醯《きんじーきー》唎《りー》・摩訶皤哆《もーこーほーどー》・沙咩薩婆《しゃーみーさーぼー》・阿他豆輸朋《をーとーじょしゅべん》・阿《をー》逝孕《しゅいん》・薩婆薩哆《さーばーさーとー》・那摩婆伽《のーもーぼーぎゃー》・摩罰特豆《もーはーてーちょう》・怛《とー》姪他《じーとー》・唵《えん》・阿婆盧醯《をーぼーりょきい》・盧迦帝《るーぎゃーちー》・迦羅帝《きゃーらーちい》・夷醯唎摩訶《いーきりもーこー》・菩提薩埵《ふじさーとー》・薩婆薩婆《さーぼーさーぼー》・摩囉摩《もーらーもー》囉《らー》・摩醯摩醯《もーきーもーきー》・唎駄孕俱盧俱盧《りーとーいんくーりょーくーりょー》・羯蒙度《けーもうとー》盧度盧《りょーとーりょー》・罰闍耶帝《ほーじゃやーちい》・摩訶罰闍耶帝《もーこーほーじゃやーちい》・陀囉陀《とーらーとー》囉《らー》・地唎尼《ちりにー》・室佛囉耶《しふらーやー》・遮囉遮囉《しゃーろーしゃーろー》・麼麼罰《もーもーはー》摩囉《もーらー》・穆帝隷《ほーちーりー》・伊醯移醯《いーきいいーきい》・室那室那《しーのーしーのー》・阿囉《をら》嘇佛囉舎利《さんふらしゃーりー》・罰沙罰嘇《はーざーはーざん》・佛囉舎耶《ふらしゃーやー》・呼盧《くーりょ》呼盧《くーりょ》・摩囉呼盧呼盧《もーらーくーりょくーりょ》・醯利娑囉娑囉《きーりーしゃろーしゃろー》・悉唎《しーりー》悉唎《しーりー》・蘇嚧蘇嚧《すーりょすーりょ》・菩提夜菩提夜《ふじやーふじやー》・菩駄夜菩《ふどやーふ》

神《じん》を降伏《ごうぶく》させ、すべての有情《うじょう》を清らかにする。

すなわち呪にいわく。

オーン、光明《こうみょう》よ、自在なるものよ、大慈大悲救苦の大菩薩よ、菩薩よ、記憶したまえ、大自在なる蓮華心よ、行為をなしたまえ。度したまえ。聖尊よ、大聖尊よ、総持したまえ。清らかなる観世音菩薩よ、行動したまえ。わが最勝なる汚れなきものよ、無垢《むく》清浄《しょうじょう》の解脱をしたものよ、招請し奉る。大菩薩を招請し奉る。貪瞋痴《とんじんち》という三毒を壊滅し、穢《けが》れを除去し、無垢清浄なる本体を現前せよ。観世音菩薩よ、現前せよ、現前せよ。願わくは我をして悟入せしめ、他をして覚《さと》らせたまわんことを。

大慈大悲観世音菩薩よ、見ることを欲するものに示現して歓喜《かんぎ》せしめるものよ、スヴァー

駄《ど》夜《やー》・彌《みー》帝《ち》唎《り》夜《やー》・那《の》羅《ら》謹《きん》墀《じー》・地《ち》唎《り》瑟《しゅ》尼《に》那《のー》・
婆《ほ》夜《や》摩《も》那《の》・娑《そ》婆《も》訶《こー》・悉《し》陀《ど》夜《やー》娑《そ》婆《も》訶《こー》・摩《も》訶《こ》悉《し》
陀《ど》夜《やー》・娑《そ》婆《も》訶《こー》・悉《し》陀《ど》喩《ゆー》藝《きー》・室《し》皤《ふ》羅《らー》耶《やー》・娑《そ》婆《も》
訶《こー》・那《の》囉《ら》謹《きん》墀《じー》・娑《そ》婆《も》訶《こー》・摩《もう》羅《らー》那《のー》羅《ら》・娑《そ》婆《も》
訶《こー》・悉《し》囉《ら》僧《すー》阿《を》穆《も》佉《ぎゃ》耶《やー》・娑《そ》婆《も》訶《こー》・娑《そ》婆《ぼ》摩《も》訶《こ》悉《し》
陀《ど》夜《やー》・娑《そ》婆《も》訶《こー》・者《しゃ》吉《き》囉《らー》阿《お》悉《し》陀《どー》夜《やー》・娑《そ》婆《も》訶《こー》・
波《ほ》哆《ど》摩《も》羯《ぎゃ》悉《し》陀《ど》夜《やー》・娑《そ》婆《も》訶《こー》・那《の》囉《ら》謹《きん》墀《じー》皤《はー》伽《ぎゃ》囉《ら》
耶《やー》・娑《そ》婆《も》訶《こー》・摩《もー》婆《ほ》利《り》勝《しん》羯《ぎゃ》囉《ら》耶《やー》・娑《そ》婆《も》訶《こー》・南《な》
無《む》喝《か》囉《ら》怛《たん》那《のう》・哆《と》囉《ら》夜《やー》耶《やー》・南《な》無《む》阿《を》唎《り》耶《やー》・婆《ぼ》盧《りょ》
吉《きー》帝《ちい》爍《し》皤《ふ》羅《らー》夜《やー》・娑《そ》婆《も》訶《こー》・悉《し》殿《て》都《どー》漫《も》哆《ど》囉《らー》・跋《ほ》
陀《ど》耶《やー》・娑《そ》婆《も》訶《こー》

ハー（幸あれ）！　望みを叶えて下さったものに、スヴァーハー！　偉大なる成就者に、スヴァーハー！　瑜伽《ゆが》の自在を成就したものに、スヴァーハー！　観世音菩薩に、スヴァーハー！　蓮華の花飾りをした人に、スヴァーハー！　獅子の顔のものに、スヴァーハー！　一切の成就者に、スヴァーハー！　金剛輪で成就した者に、スヴァーハー！　蓮華の手を持つものに、スヴァーハー！　聖尊観世音菩薩に、スヴァーハー！　最も慈しみある者に、スヴァーハー！

　仏法僧の三宝に帰依し奉る。大悲心を具する聖者に帰依し奉る、スヴァーハー！　真言句を成就せんことを、スヴァーハー！

【解説】

禅宗では法要の際、「楞厳呪《りょうごんしゅ》」や「消災妙吉祥陀羅尼」など、陀羅尼形式の経典が多く用いられているが、中でも「大悲心陀羅尼」は用いられる頻度が最も高いものであり、朝課や晩課、追善法要や葬儀などにおいて誦《とな》えられる。

「大悲心陀羅尼」は、また「大悲呪《だいひしゅ》」や「大悲」、「大悲円満無礙《むげ》神呪」などと称され、陀羅尼の冒頭部をとって「ナムカラタンノー」とも称される。もと唐代の伽梵達摩《がぼんだるま》訳『千手千眼観世音菩薩広大円満無礙大悲心陀羅尼経』という経典に収められる陀羅尼であり、経中に称せられる本陀羅尼の名称の一つも「広大円満無礙大悲心陀羅尼」である。現在はこの経典全体が用いられることは少なく、一般には陀羅尼部分のみが流通している。本経には観世音菩薩が過去、千光王静住如来に衆生救済の誓願を立てて千手千眼を得、本陀羅尼を授かったといった顚末《てんまつ》や、本陀羅尼を受持読誦《じゅじどくじゅ》することの利益及びその読誦法などが記される。

本経典によれば、この陀羅尼を疑いの念なく読誦すれば、種々の利益が得られるという。その利益は、苦からの救済、諸願成就、といった比較的抽象的なものから、子供が病気になった時、夫婦仲の悪い時、といった非常に具体的なものまである。

千手観音坐像
（宋代。中国四川省内江市、東林寺。筆者撮影）

本陀羅尼は観音信仰を基礎として唐代なかば頃より中国において急速に広まった。観音菩薩は観世音菩薩、観自在菩薩とも呼ばれ、大慈悲心を持って衆生救済を行ずる菩薩として、古来、熱烈な信仰を集めたが、本経で説かれるのは千の手と千の眼を持つ千手千眼観音であり、千の手（手段）により衆生を様々な局面から救済する。衆生は万能なる千手観音の外護《げご》を求めてこの陀羅尼を読誦する。中国や日本には本陀羅尼を読誦したという霊験譚《れいげんたん》が数多く遺されている。

ところで、現代中国仏教においても広範に流通している。中国の多くの寺院では、音楽にのせた本陀羅尼が繰り返し流されており、独特の雰囲気を醸し出している。

短すぎず長すぎず、比較的容易に読誦暗唱でき、しかもその効能は千手観音に裏付けされている、このような本陀羅尼の特性が流通を助長したのであろう。

＊陀羅尼の原文および、読み仮名は『改訂新修曹洞宗諸経要集』（大八木興文堂、大正一二年発行、昭和四九年改訂発行、平成二七年三月二〇日二〇版発行）による。ただし、読み仮名は、曹洞宗における実際の読誦法に従って一部の表記を改めた。

＊陀羅尼は各宗派において読み方や伝本が異なる。異本やその他の読み方に関しては野口善敬著『『千手経』と「大悲呪」の研究　ナムカラタンノーの世界』（禅文化研究所、平成一一年七月）を参照されたい。

法《ほ》華《け》経《きょう》の「六《ろく》番《ばん》神《じん》呪《じゅ》」

立正大学元准教授
髙《たか》森《もり》 大《だい》乗《じょう》

法華経の第二十六章「陀羅尼品《だらにほん》」には、二聖《にしょう》（薬王菩薩《やくおうぼさつ》・勇施菩薩《ゆぜぼさつ》）・二天《にてん》（毘沙門天王《びしゃもんてんのう》・持国天王《じこくてんのう》）・鬼母刹女《きもせつにょ》（鬼子母神《きしもじん》・十羅刹女《じゅうらせつにょ》）が、それぞれ陀羅尼神呪をもって法華経行者《ぎょうじゃ》の守護を誓願《せいがん》する「五番神呪」が説かれている。

また、法華経の第二十八章「普賢菩薩勧発品《ふげんぼさつかんぼっぽん》」には、「普賢呪《ふげんじゅ》」と通称される陀羅尼神呪が説かれている。

陀羅尼品の五番神呪と、普賢菩薩勧発品の普賢呪とを、あわせて「六番神呪」と総称する。

一、薬《やく》王《おう》菩《ぼ》薩《さつ》の陀《だ》羅《ら》尼《に》神《じん》咒《じゅ》

安《あ》爾《に》・曼《ま》爾《に》・摩《ま》禰《ね》・摩《ま》摩《ま》禰《ね》・旨《し》隷《れい》・遮《しゃ》梨《り》第《てい》・賒《しゃ》咩《みゃ》・賒《しゃ》履《び》・多《た》瑋《い》・羶《せん》帝《てい》・目《もく》帝《てい》・目《もく》多《た》履《び》・娑《しゃ》履《び》・阿《あ》瑋《い》娑《しゃ》履《び》・桑《そう》履《び》・娑《しゃ》履《び》・叉《しゃ》裔《えい》・阿《あ》叉《しゃ》裔《えい》・阿《あ》耆《ぎ》膩《に》・羶《せん》帝《てい》・賒《しゃ》履《び》・陀《だ》羅《ら》尼《に》・阿《あ》盧《ろ》伽《きゃ》婆《ば》娑《しゃ》・簸《は》蔗《しゃ》毗《び》叉《しゃ》膩《に》・禰《ね》毗《び》剃《てい》・阿《あ》便《べん》哆《た》・邏《ら》禰《ね》履《び》剃《てい》・阿《あ》亶《たん》哆《だ》波《は》隷《れい》輸《しゅ》地《だい》・歐《う》究《く》隷《れい》・牟《む》究《く》隷《れい》・阿《あ》羅《ら》隷《れい》・波《は》羅《ら》隷《れい》・首《しゅ》迦《きゃ》差《し》・阿《あ》三《さん》磨《ま》三《さん》履《び》・仏《ぼ》駄《だ》毗《び》吉《き》利《り》袟《じっ》

◆薬王菩薩の陀羅尼神咒の意訳

不思議の思量《しりょう》は人知を超えている。たゆまない久《く》遠《おん》の所業《しょごう》（行い）は、煩悩《ぼんのう》から離れて解脱《げだつ》をもたらす。寂然《じゃくねん》たる解脱は、煩悩の闇を払い、邪悪を離れて、安穏《あんのん》かつ平等である。滅し尽くしているように見えても、実は滅し尽くしていなく、災厄はない。

静かに観念して、万物万象《ばんぶつばんしょう》に内在する光明を観《かん》察《ざっ》せよ。自らを燈明《とうみょう》として、自らを真理の法とする究極の清浄《しょうじょう》な境地に到達せよ。そこには、凹凸《おうとつ》も、高低も、動揺も、旋回《せんかい》もない。

清浄なる眼《まなこ》で見れば、差別《しゃべつ》の相《そう》は即ち平等である。仏の知見《ちけん》を悟って、煩悩・輪廻《りんね》から度脱《どだつ》せよ。真理の法を如実に観察して、和合《わごう》の僧たちに信受《しんじゅ》させよ。言葉に頼らずに法を説き、相手を納得させよ。

祈りの言葉をよりどころとして、声に出して尽き

帝《てい》・達《だる》磨《ま》波《は》利《り》差《し》・帝《てい》・僧《そう》伽《ぎゃ》涅《ね》瞿《く》沙《しゃ》禰《ねい》・婆《ば》舎《しゃ》婆《ば》舎《しゃ》輸《しゅ》地《だい》・曼《まん》哆《た》邏《ら》・曼《まん》哆《た》邏《ら》叉《しゃ》夜《や》多《た》・郵《う》楼《ろう》哆《た》・郵《う》楼《ろう》哆《た》憍《きょう》舎《しゃ》略《りゃ》・悪《あ》叉《しゃ》邏《ら》・悪《あ》叉《しゃ》冶《や》多《た》冶《や》・阿《あ》婆《ば》盧《ろ》・阿《あ》摩《ま》若《にゃ》・那《な》多《た》夜《や》

二、勇《ゆ》施《ぜ》菩《ぼ》薩《さつ》の陀《だ》羅《ら》尼《に》神《じん》咒《じゅ》

痤《ざ》・隷《れい》・摩《ま》訶《か》痤《ざ》隷《れい》・郁《うっ》枳《き》・目《もっ》枳《き》・阿《あ》隷《れい》・阿《あ》羅《ら》婆《は》第《てい》・涅《ね》隷《れい》第《てい》・涅《ね》隷《れい》多《た》婆《は》第《てい》・伊《い》緻《ち》・柅《に》・韋《い》緻《ち》抳《に》・旨《し》緻《ち》柅《に》・涅《ね》

ることなければ、尽きることのない幸福が増長するであろう。顧慮《こりょ》することなく力強く前進せよ。

◆勇施菩薩の陀羅尼神咒の意訳

仏陀の教えは、光り輝いて周囲を照らす。したがって、我々も、たゆまず精進《しょうじん》すれば、周囲に仏陀の教えが弘まり、伝わるのである。

法華経の教えは、美しく富《ゆた》かなので、衆生《しゅじょう》を喜悦《きえつ》させ、欣然《きんぜん》として止《とど》まる。したがって、我々は、法華経の教えをいつまでも伝えて、失われないようにしなければならない。他者が合意しなくても、強要することはないが、この思いだけは忘れてはならない。

◆毘沙門天王の陀羅尼神咒の意訳

仏陀は富《ゆた》かな力を有している。法華経には、いか

隷《れい》墀《ち》柅《に》・涅《ね》犂《り》墀《ち》婆《は》底《ち》

三、毘《び》沙《しゃ》門《もん》天《てん》王《のう》の陀《だ》羅《ら》尼《に》神《じん》呪《じゅ》

阿《あ》犂《り》・那《な》犂《り》・㝹《と》那《な》犂《り》・阿《あ》那《な》盧《ろ》・那《な》履《び》・拘《く》那《な》履《び》

四、持《じ》国《こく》天《てん》王《のう》の陀《だ》羅《ら》尼《に》神《じん》呪《じゅ》

阿《あ》伽《きゃ》禰《ね》・伽《きゃ》禰《ね》・瞿《く》利《り》・乾《けん》陀《だ》利《り》・栴《せん》陀《だ》利《り》・摩《ま》蹬《とう》耆《ぎ》・常《じょう》求《ぐ》利《り》・浮《ぶ》楼《ろう》莎《しゃ》柅《に》・頞《あっ》底《ち》

なる教えも及ばない。したがって、強盛《ごうじょう》な信心を起こして精進せよ。心に緩《ゆる》みがあってはならない。仏陀の慈悲も教えも無限で無量である。

◆持国天王の陀羅尼神呪の意訳

大勢の人が信仰しなくとも、少数の人が信仰を固く持《たも》てば、正しい教えは徐々《じょじょ》に弘《ひろ》まる。世間の極悪人にもひるまずに布教せよ。行いが正しければ、すぐれた香のように周囲の人々にも良い影響を与える。法華経は、暗黒の闇に輝く星のようである。邪《よこしま》な教えが弘まることを憂い、正しい教えをしっかり布教せよ。

◆鬼子母神・十羅刹女の陀羅尼神呪の意訳

法華経は、娑婆世界《しゃばせかい》の一切衆生《いっさいしゅじょう》のために説かれ

五、鬼子母神《きしもじん》・十羅刹女《じゅうらせつにょ》の陀羅尼神咒《だらにじんじゅ》

伊《い》提《でい》履《び》・伊《い》提《でい》泯《びん》・伊《い》提《でい》履《び》・阿《あ》提《でい》履《び》・伊《い》提《でい》履《び》・泥《でい》履《び》・泥《でい》履《び》・泥《でい》履《び》・泥《でい》履《び》・泥《でい》履《び》・楼《ろう》醯《けい》・楼《ろう》醯《けい》・楼《ろう》醯《けい》・楼《ろう》醯《けい》・多《た》醯《けい》・多《た》醯《けい》・多《た》醯《けい》・兜《と》醯《けい》・兎《と》醯《けい》

六、普賢菩薩《ふげんぼさつ》の陀羅尼神咒《だらにじんじゅ》

阿《あ》檀《たん》地《だい》・檀《たん》陀《だ》婆《は》地《だい》・檀《たん》陀《だ》婆《は》帝《てい》・檀《たん》陀《だ》鳩《く》賖《しゃ》隷《れい》・檀《たん》陀《だ》修《しゅ》陀《だ》隷《れい》・修《しゅ》陀《だ》隷《れい》・修《しゅ》

た。自らに囚《とら》われず無我《むが》・無心《むしん》になれ。すでに法華経が弘まる機運が高まっているはずである。数々の困難を乗り越えて、はじめて真実の教えが立つので、最初から支障なく進まないのは当然である。

ただし、たとえいかなる迫害や妨害があろうとも、誠の信仰心は誰かに立ち入られたり、打ち破られたりすることは、決してない。

◆普賢菩薩の陀羅尼神咒の意訳

自分の利害を捨てて、一心に他者のために尽くすこと。また自身に執着《しゅうちゃく》することなく、人々の幸せを願って行動すること。自分を捨てて、他者に適切な教えを授けること。人々が和合するように、他人の幸せのために力を注《そそ》ぐこと。そのように、仏陀の教えを伝える者は、柔軟《にゅうなん》な態度・信条を持たなければ

陀《だ》羅《ら》婆《は》底《ち》・仏《ぼ》駄《だ》波《は》羶《せん》禰《ね》・薩《さる》婆《ば》陀《だ》羅《ら》尼《に》
阿《あ》婆《ば》多《た》尼《に》・薩《さる》婆《ば》婆《ば》沙《しゃ》阿《あ》婆《ば》多《た》尼《に》・修《しゅ》阿《あ》
婆《ば》多《た》尼《に》・僧《そう》伽《ぎゃ》婆《は》履《び》叉《しゃ》尼《に》・僧《そう》伽《ぎゃ》涅《ね》伽《きゃ》陀《だ》
尼《に》・阿《あ》僧《そう》祇《ぎ》・僧《そう》伽《ぎゃ》婆《は》伽《ぎゃ》地《だい》・帝《てい》隷《れい》阿《あ》惰《だ》
僧《そう》伽《ぎゃ》兜《と》略《りゃ》・阿《あ》羅《ら》帝《てい》波《は》羅《ら》帝《てい》・薩《さる》婆《ば》僧《そう》伽《ぎゃ》
三《さん》摩《ま》地《じ》伽《ぎゃ》蘭《らん》地《だい》・薩《さる》婆《ば》達《だる》磨《ま》修《しゅ》波《ば》利《り》刹《せっ》
帝《てい》・薩《さる》婆《ば》薩《さっ》埵《た》楼《ろう》駄《だ》憍《きょ》舎《しゃ》略《りゃ》阿《あ》㝹《と》伽《ぎゃ》地《だい》・
辛《しん》阿《な》毗《び》吉《き》利《り》地《だい》帝《てい》

ばならない。

わがままを押し通さず、人と争わない行いをせよ。法華経の教えを実践すれば、仏陀の心持ちがわかってくるはずである。

ひとりが善い行いを実践すれば、それは周囲に波《は》及《きゅう》し、次々と連鎖して、よい影響をもたらし、大いなる功徳となる。

過去から未来へと時代が変わっても、人の本質は変わらないものである。人の求めていることに常に気を配り、いつでも対応できるようにしなければならない。

獅子が百獣の王であるように、仏陀の教えも最高のものであるから、それを理解し行動に移すことは、喜びであり、楽しみでもある。

【薬王菩薩の陀羅尼神咒について解説】

薬王菩薩は、法華経の教えのさまざまな場面に登場する菩薩であり、特に法華経の第二十三章「薬王菩薩本事品《ほんじほん》」に、その性格が詳述されている。

六番神咒は、その薬王菩薩の陀羅尼神咒から始まるのである。

「陀羅尼品」の冒頭で、薬王菩薩は、ガンジス河の砂の六十二億倍の諸仏《しょぶつ》が説いてきたという陀羅尼を、法華経を説法する者に与え、それによって行者を守護する……ということを、釈迦牟《しゃかむ》尼仏《にぶつ》（釈尊《しゃくそん》）に対して誓願するのである。

【勇施菩薩の陀羅尼神咒について解説】

薬王菩薩についいで、勇施菩薩が、釈迦牟尼仏の御前《おんまえ》で誓願を述べる。

勇施菩薩は、法華経を受持《じゅじ》する者を守護するために、ガンジス河の砂の数に等《ひと》しい仏たちが説いたという陀羅尼を唱え、その法師《ほっし》がこの陀羅尼を得た時は、いかなる悪鬼もそのすきにつけ込むことはできない、と説く。

そして、法華経を行ずる法師を侵毀《しんき》する者は、諸仏を侵毀する者である……と断ずるのであった。

【毘沙門天王の陀羅尼神咒について解説】

毘沙門天王

四大天王《しだいてんのう》（四天王《してんのう》）のひとりで、須弥山《しゅみせん》北方を守護する毘沙門天王（多聞《たもん》天王）も、衆生にあわれみの心をかけて、法華経の法師を守護するために陀羅尼の咒句《じゅく》を説き、この陀羅尼によって法師を守護することを、釈迦牟尼仏に誓約するのであった。

更に重ねて、法華経を持《たも》つ者の住する百由旬《ひゃくゆじゅん》の内にいかなる衰患《すいげん》もなからしめんと、行者の擁護《おうご》を誓うのである。

【持国天王の陀羅尼神咒について解説】

須弥山《しゅみせん》東方を守護する持国天王も、毘沙門天王に続けて、自分もまた陀羅尼の不可思議かつ神秘的な咒句《じゅく》によって、法華経の法師《ほっし》を守護するということを、釈迦牟尼仏に誓う。

更に、法師に危害を加える者は、この陀羅尼を説いた四十二億の諸仏に危害を加える者である……と断ずる。

【鬼子母神・十羅刹女の陀羅尼神咒について解説】

二聖《にしょう》・二天《にてん》に続いて、十羅刹女（藍婆《らんば》・毗藍婆《びらんば》・曲歯《こくし》・華歯《けし》・黒歯《こくし》・多髪《たほつ》・無厭足《むえんぞく》・持瓔珞《じようらく》・皐諦《こうたい》・奪一切衆生精気《だついっさいしゅじょうしょうけ》）が、鬼子母神とともに現れて、法華経を受持《じゅじ》する者を擁護《おうご》せんと誓い、咒を説き、「もし我が咒に順《したが》わずして説法者を悩乱《のうらん》する者は、頭《こうべ》が七分《しちぶん》に破《わ》れるであろう」などと誡《いまし》める。

釈迦牟尼仏は、「法華《ほっけ》の名《みな》（題目）を受持する者を擁護する功徳《くどく》は量《はか》り知れないから、まして法華経を受持し供養する者は擁護すべし」と、十羅刹女と鬼子母神に命ずるのであった。

鬼子母神（神奈川・妙伝寺蔵）

【普賢菩薩の陀羅尼神咒について解説】

法華経の普賢菩薩勧発品では、普賢菩薩が、如来滅後の後五百歳《ごごひゃくさい》（仏法衰退の過程を説いた五堅《ごけん》固説《ごせつ》では闘諍言訟《とうじょうごんしょう》白法隠没堅固《びゃくほうおんもつけんご》、正像末《しょうぞうまつ》の三時説《さんじせつ》では末法《まっぽう》）に法華経を行ずる者のために、陀羅尼咒（普賢咒）を与えて、人間ではない鬼神や精霊などに惑わされることのないように行者を護ることを、釈迦牟尼仏に誓願する。

なお、普賢菩薩は、六牙《ろくげ》の白象《びゃくぞう》に乗っている姿で出現するとされる。

本書執筆者一覧（五十音順）

網代《あじろ》 裕康《ゆうこう》　大本山室生寺教務執事

伊藤《いとう》 尚徳《しょうとく》　智山教化センター所員

乾《いぬい》 龍仁《りゅうにん》　高野山大学名誉教授

大澤《おおさわ》 邦由《ほうゆう》　駒澤大学仏教学部講師

大森《おおもり》 義成《ぎじょう》　真言宗僧侶／善龍庵主

川﨑《かわさき》 一洋《かずひろ》　高野山大学非常勤講師／高知・大日寺住職

北尾《きたお》 隆心《りゅうしん》　種智院大学特任教授、博士（密教学）／真言宗智山派最勝寺住職

児玉《こだま》 義隆《ぎりゅう》　種智院大学副学長

小峰《こみね》 智行《ちぎょう》　東京・観蔵院住職／大正大学非常勤講師

小峰《こみね》 彌彦《みちひこ》　東京・観蔵院長老／大正大学元学長

坂口《さかぐち》 和子《かずこ》　日本石仏協会名誉会長

静《しずか》 慈圓《じえん》　高野山大学名誉教授／高野山・清凉院住職

髙橋《たかはし》 尚夫《ひさお》　大正大学名誉教授

髙森《たかもり》 大乗《だいじょう》　立正大学元准教授

松平《まつだいら》 實胤《じついん》　愛知・犬山寂光院山主

松本《まつもと》 峰哲《みねのり》　種智院大学教授／山口県平生町神護寺副住職

〈初出誌〉

本書は、月刊『大法輪』（大法輪閣刊）の下記特集に掲載された原稿をもとにして、執筆者が新たに加筆・改訂し、再編集したものです。

・2010年10月号 特集「身近な梵字・真言入門」
・2013年11月号 特集「はじめての《密教》入門」
・2017年11月号 特集「真言・陀羅尼・梵字の基礎と実践」

真言《しんごん》・陀羅尼《だらに》・梵字《ぼんじ》 ――その基礎《きそ》と実践《じっせん》

2020年 2月10日 初版第1刷発行
2024年 8月20日 初版第4刷発行

編　者　大法輪閣編集部
発行人　石原俊道
印　刷　亜細亜印刷株式会社
製　本　東京美術紙工
発行所　有限会社 大法輪閣
〒150-0022 東京都渋谷区恵比寿南 2-16-6-202
TEL (03) 5724-3375（代表）
振替　00160-9-487196番
http://www.daihorin-kaku.com

ISBN978-4-8046-1422-9　C0015